LAS DEMOCRACIAS SUICIDAS Y OTROS TEXTOS DE POLÍTICA

César Antonio Molina

LAS DEMOCRACIAS SUICIDAS
Y OTROS TEXTOS DE POLÍTICA

fórcola
Singladuras

Singladuras

Director de la colección: Javier Fórcola

Diseño de cubierta: Fórcola

Diseño de maqueta y corrección: Susana Pulido

Producción: Teresa Alba

Detalle de cubierta:
Marianne, litografía. Eduardo Arroyo,
A+V Agencia de Creadores Visuales, 2019

C/ Querol, 4 - 28033 Madrid
www.forcolaediciones.com

Depósito legal: M-1894-2019
ISBN: 978-84-17425-28-9
Imprime: Sclay Print, S. A.
Encuadernación: José Luis Sanz García, S. L.
Impreso en España, CEE. Printed in Spain

«Democracia es la suma de procedimientos que acogen cualquier pensamiento, excepto el que propone derrocarla.»

ROBERTO CALASSO

«Un poeta debe decir lo indecible, no debe permanecer en silencio cuando todos callan y, por tanto, debe cuidarse de no hablar demasiado de las cosas sobre las que todos hablan.»

BERTOLT BRECHT,
La ópera de tres peniques

«Cuando los tiempos se vuelven convulsos, el intelectual debe cesar de serlo para ser hombre.»

MARÍA ZAMBRANO

ÍNDICE

NOTA A LA EDICIÓN

Javier Jiménez

César Antonio Molina nació en La Coruña, en el seno de una familia republicana. Tras la Guerra Civil, parte de sus miembros murieron en el exilio en París, y los demás, intelectuales de pensamiento azañista, se vieron tristemente abocados al exilio interior que tantos y tantos españoles sufrieron durante el franquismo. Algunos de ellos, altos funcionarios, fueron depurados. Durante su infancia y primera juventud tuvo que sufrir las estancias estivales del Caudillo en su propia ciudad. Ya en la Universidad de Santiago, además de ser un destacado estudiante de Derecho, creó el contestatario «Cine Club» universitario, y participó activamente en el movimiento estudiantil, siendo detenido varias veces. Muerto el general, y ya en Madrid, estudió su segunda carrera, Ciencias de la Información. Se doctoró, comenzó su labor docente al mismo tiempo que una rica trayectoria periodística, fue gestor cultural durante muchos años y, de forma paralela a estas actividades, nunca dejó de ser escritor. Entre los años 2004 y 2010 volvió a la política activa. Primero fue director del Instituto Cervantes, luego ministro de Cultura y, finalmente, diputado socialista por su ciudad natal. Abandonó su escaño por discrepancias respecto a los pactos con los partidos nacionalistas. En este sentido, muchas de sus predicciones políticas se han ido cumpliendo. Tras su paso por la política, regresó de nuevo a la universidad y a la gestión cultural: primero como creador y director de Casa del Lector; más tarde, como responsable del departamento de Derecho de la Cultura en uno de los bufetes más importantes de España.

La cultura está bajo sospecha. Así lo proclama el subtítulo de *La caza de los intelectuales* (2014) –uno de sus libros más conocidos y reeditados–, donde César Antonio Molina reflexiona sobre las siempre difíciles relaciones entre el poder y la cultura a lo largo de la historia. Desde tiempos de Platón –que expulsó de *su* República a los poetas por sus «mentiras» (las verdades de los poetas siempre incomodan al poder)– hasta las dictaduras totalitarias de Stalin y Hitler –que condenaron al silencio y al exterminio a cientos de escritores, filósofos y poetas en aquellos lugares de horror y vergüenza como fueron Archipiélago Gulag o Auschwitz–, el intelectual ha estado señalado, vigilado y acosado hasta que, de una forma u otra, se le ha dado caza. Y aun con todo, el hombre de letras, si no quiere renunciar a su condición –de «letraherido»– y su compromiso –con la sociedad en la que vive y escribe–, se ha de hacer garante de la palabra –la «casa del ser», según Heidegger, en el «claro del bosque», de nuestra María Zambrano–.

Y ello, contra la posible condena al silencio o al olvido, en el ejercicio de su oficio: el de no callar (para «decir lo indecible... cuando todos callan», como apunta el personaje de Brecht en *La ópera de tres peniques*). Ha de reflexionar y ensimismarse –*more* Ortega y Gasset– para, a continuación –conquistada esa «segunda mirada» de las cosas que practicaba Gabriel Marcel–, salir a la plaza pública –desde la tribuna que ofrece un poema, un ensayo, una novela o, en el caso que nos ocupa, un artículo– y dar cuenta de lo que sucede. Los hechos irritan al poder, no siempre a su servicio; la verdad le molesta aún más, siempre rebelde a ser moldeada. De su oficio no ceja el intelectual, que participa en la vida pública como ciudadano de pleno derecho.

Cuando en estos últimos años comprobó que su país corría hacia su desintegración, destruyendo la democracia que tantos años de paz y progreso nos trajo, César Antonio Molina decidió volver de una manera crítica y testimonial a la política, escribiendo colaboraciones periodísticas de opinión, parte de las cuales se reúnen en este volumen. Edmond Jabès, uno de los grandes poetas del siglo XX, le dijo en París que «ser de izquierdas no implicaba dejar de ser crítico con la izquierda». Y otro gran poeta, el ruso Yevtushenko, en Nueva York, le advirtió que siempre había que estar a la izquierda «pero nunca más allá de nuestro corazón».

César Antonio Molina no escribe ni como cliente ni como miembro de una audiencia a la que complacer, ni siquiera como deudor de los bancos –*alla* Deleuze–, sino como ciudadano comprometido en la defensa de las humanidades, en la confianza ilustrada, en el progreso humano, en la racionalidad, en las instituciones y en los valores políticos y sociales de convivencia. Se trata de estar vigilante ante los peligros que amenazan la democracia, esa permanente búsqueda de una sociedad más justa. Para ello, con la lucidez que le caracteriza, César Antonio Molina repasa la realidad social y política española de los últimos años y advierte de la sombra que acecha actualmente a toda sociedad democrática, en muchas ocasiones sin saberlo, o sin querer reconocerlo: la de su propio suicidio si no se está alerta ante los nuevos fantasmas del nacionalismo y el populismo. Paladines de sus reflexiones, estos artículos convocan e invocan el magisterio de pensadores e intelectuales, desde Platón, Cicerón, Séneca u Horacio, hasta Bertrand Russell, Hannah Arendt, Isaiah Berlin, François Jullien, Albert Camus, Norberto Bobbio, Roberto Calasso o Peter Sloterdijk.

Escritor de más de medio centenar de libros, entre ensayos, narraciones y poesía, el autor de *Las democracias suicidas* tiene en su haber numerosos premios nacionales e internacionales de literatura y periodismo, así como las más altas condecoraciones de varios países. Ferviente constitucionalista, socialdemócrata, europeísta, ecologista y pacifista, en estos escritos nos advierte de que los peligros que corre España son los mismos que los que corre Europa. Razones por las cuales nos anima a manifestarnos, en todo momento y ocasión que nos sea posible, por la unidad y la defensa de los valores que nos trajo nuestra Constitución democrática. Valores, por otro lado, que condujeron a evitar los graves y mortíferos conflictos de antaño.

Este volumen consta de 28 artículos, algunos inéditos y otros publicados en los dos últimos años en *El País*, *El Mundo*, *ABC Cultural* y *Revista de Occidente*. Aparecen divididos en dos partes bien diferenciadas: la primera, centrada en la realidad española; la segunda, con un anclaje en el espíritu de la Ilustración y el pensamiento socialdemócrata y liberal europeo. Tiene la palabra el ciudadano César Antonio Molina, al que agradezco enormemente la confianza que ha depositado en Fórcola para editar estos escritos de y sobre política. Que la imagen que ilustra la cubierta, la *Marianne* de nuestro añorado y genial Eduardo Arroyo –gran amigo del autor y del que me siento honrado de haber publicado uno de sus mejores libros, *Panamá Al Brown*–, le ilumine a usted, lector, en este camino del pensar, pues, como su autor mismo menciona en uno de sus últimos diarios –en el más puro estilo peripatético–, «todo se arregla caminando».

LAS DEMOCRACIAS SUICIDAS Y OTROS TEXTOS DE POLÍTICA

I. NUESTRA DEMOCRACIA SUICIDA

1
Las trampas de la memoria histórica

¿Vamos camino de un mundo sin recuerdos? ¿Acaso el mundo tiene recuerdos? ¿Y las naciones, y los estados y las masas tienen recuerdos? Fundamentalmente los recuerdos siempre fueron patrimonio de los individuos, pero después de las grandes matanzas contempladas por la población civil a través de los nuevos medios de comunicación del siglo xx, sobre todo la fotografía, el cine y, más contemporáneamente, la televisión, se fue equiparando la memoria colectiva a la individual, es decir, la real. Hoy se perdona más el olvido individual que el colectivo. El olvido colectivo provoca una manifestación de desastre moral o político. Tony Judt advirtió de la pérdida de eco universal que comenzaba a tener la Shoá. El creciente olvido de la misma sería como hacer oídos sordos a otros grandes crímenes intemporales contra la humanidad como la esclavitud, la deportación o los exterminios en masa producto de los estados totalitarios. Esta memoria moral puede ser universalmente compartida, comprendida, defendida y transmitida. Lo peor no es el olvido de lo que no deberíamos olvidarnos, sino de la escritura y reinterpretación del pasado y el control acertado de la memoria colectiva. Paul Ricoeur insiste en que recordar es un deber moral. Las víctimas murieron por nosotros. Pero ¿y si, a largo plazo, el olvido fuera inevitable, cuando hasta incluso en un plazo relativamente breve el recuerdo de un suceso maligno, la Shoá misma y sin excluirla, no lograra ni siquiera proteger a la sociedad de sus futuras repeticiones?

David Rieff en su magnífico y nada complaciente libro *Elogio del olvido* pone en entredicho, respetuoso y provocador, las opiniones de Ricoeur, Avishai Margalit o Tzvetan Tódorov, quienes defendiendo sin límites la necesidad del recuerdo también hablaban del abuso a veces partidista de la rememoración. Rieff, sin temor, abre el debate entre quienes dudan que el recordar sirva para algo y aquellos otros que defienden la necesidad de la memoria colectiva. Los primeros muestran que las sociedades humanas son perecederas: naciones, civilizaciones, culturas...; que todo tiene una fecha de caducidad –incluso la memoria histórica–; y que ha levantado nuevos conflictos civiles incruentos como las denominadas «guerras de la memoria» en Francia, un debate intenso y casi permanente sobre sus guerras coloniales, muy semejante al que aún hoy perdura en nuestro país sobre nuestra última Guerra Civil. Quienes se alinean en la defensa de la memoria colectiva desafían al Eclesiastés: «No hay memoria de lo que precedió, ni de lo que sucederá», y se alían con los poemas de Robert Laurence Binyon «Por los caídos» (versos inscritos en muchas tumbas de jóvenes soldados británicos de la Primera y la Segunda Guerra Mundial: «... cuando se ponga el sol y también por las mañanas / los recordaremos...») y de Kipling «Para que no olvidemos».

Pero ¿qué es lo que debe ser recordado y por cuánto tiempo? ¿Cómo ha de celebrarse esta rememoración? De no llevarse a cabo estaríamos en la amnesia vergonzosa a la que se refería el gran filósofo francés de origen judío Jankélévitch. Recordar es un acto moral que combate con las armas de la razón cualquier tipo de negacionismo del mal. Pero ¿cuántos hechos históricos han sido suprimidos de la historia de un país? Nunca hay garantía de que todos los hechos históricos han de ser recordados y, aún menos, cuando los siglos van transcurriendo a buena marcha. ¿Recuerdos históricos sin sentido para nuestra actualidad tan cambiante? ¿Materia científica sólo para historiadores? ¿Huellas para un turismo cultural sin criterio? ¿Se puede olvidar lo que se desconoce? La memoria caprichosa conduce al olvido o, como decía Adorno, a la nada. Tódorov en *Los abusos de la memoria* la defendía pero advertía de su envés: la mentira. Le Goff animaba a los lectores a que se aseguraran la verdad de la memoria colectiva que conducía a la libertad. A la libertad y a la cura de sus heridas. ¿Acaso el ser humano tiene otra memoria que no sea la de sus heridas? Pero memoria real y no ficticia. El poeta polaco y premio Nobel de Literatura Czesław Miłosz criticaba la sacralización de la memoria colectiva porque conducía a muy grandes distorsiones de la realidad. Él lo supo muy bien con la reescritura de la historia de su país a través del relato estalinista-soviético. La memoria colectiva es una metáfora psicológica. Como Rieff y todos los autores aquí citados proclaman, hay que reconstruir la memoria colectiva siempre a la luz del presente y en positivo. Deformarla partidariamente conduce de nuevo a graves riesgos. La memoria histórica no se puede levantar sobre recuerdos legendarios y mitológicos enfrentados a los demás. La interpretación de los hechos históricos también cambia con el tiempo: no son ni fácticos, ni proporcionales, ni estables, ni neutrales. No hay que negar el valor de la memoria, pero la histórica, no la mitopoética. Muchos autores, y Rieff lo recoge, coinciden en que el apego a la memoria hace a muchas sociedades inmaduras y conflictivas. La memoria es un componente en la construcción de la identidad europea, pero habrá que explicar pacíficamente las convulsiones que provocaron tantos conflictos a lo largo de la historia continental. Naciones cuyas historias estuvieron enfrentadas pero que ahora se vuelven sobre la comunidad de intereses compartidos. Garton Ash añade otra inquietud más, ¿cómo no sólo explicar a los europeos quiénes son, sino también a estas multitudes que llegan a nuestras costas que ni saben ni comparten ninguno de esos recuerdos y además traen los suyos propios?

Recordar también como un ejercicio de memoria, como un ejercicio ecológico de salvaguarda de nuestro mundo vegetal y animal en franco camino de extinción. Recordar para ser piadosos con los ancestros. Olvidar es una manera de impiedad. Recordar en una justa medida, pues el exceso de memoria colectiva nacional es a veces peligrosa. Lo mejor es el espacio que queda entre una justa medida de recuerdo y de olvido. Y que este espacio entre ambos no sea demasiado doloroso, que pueda ser soportado por todos, que no impida un porvenir de paz, respeto y reconciliación. El rencor es ajeno. El peligro está, y Rieff lo subraya a la perfección, en la confusión entre memoria e historia, en la apropiación de la segunda por la primera, de la misma manera que la política también se ha apropiado de la memoria. Peligro de que la memoria colectiva legitime tendencias particulares, a unos partidos políticos frente a otros. Peligro de que esta «democratización» de la historia subordine a la propia historia a la memoria colectiva. El tiempo conduce al olvido, despega a las posteriores generaciones de aquellos acontecimientos de los que se consideran cada vez más ajenos. Los verdugos pagaron o ya no se les puede hacer pagar. Las víctimas fueron reconocidas y recordadas, pero individualmente ya no tienen representantes. Recordar y olvidar en el recuerdo. Olvidar-recordar equivale a pedir justicia. La justicia supone superar el resentimiento que acarrea. El resentimiento, su carencia, supone superar el complejo de perdedor. Pero incluso recordando Auschwitz, la humanidad siguió llevando a cabo atrocidades. Aquello de Santayana de que los que no pueden recordar el pasado están condenados a repetirlo no siempre se cumple. Por lo general, el irracionalismo y el egoísmo se imponen. Arte de la memoria, arte del olvido. Primero reconocer la culpa, luego el perdón. La memoria histórica resucita a los protagonistas del pasado en el presente. ¿No es esto una distorsión? La memoria histórica no es a veces un deseo de libertad y de reemplazar el mundo dado por otro emocionalmente imaginario de creación propia. No hay que olvidar la verdadera historia y evitar los excesos del recuerdo y del olvido. Recordar es, sobre todo, reconocer la verdad ocultada por la memoria. Rieff, al referirse a la transición democrática española la califica de «pacto de olvido» entre la izquierda y la derecha. Aunque nunca se formalizó, «resultó esencial para el acuerdo político que restauró la democracia. En gran medida la transición llegó sobre las alas de la reescritura y del olvido». Y añade el historiador norteamericano que la Ley de Memoria Histórica aprobada por el Parlamento español en 2007, «en cierto sentido era una ley de 'olvido histórico', pues, con pocas excepciones, ordenaba a las autoridades retirar los monumentos, placas y nombres de calles que, en palabras del texto legal, hicieran exaltación de la sublevación militar, de la Guerra Civil y de la dictadura». La memoria debe ser fundamentalmente una prevención contra el fanatismo. Y hacerlo a pesar de que tanto en el *Ozymandias* de Shelley como en el *Enrique V* de Shakespeare se dice que las generaciones olvidan, las sociedades olvidan, nada permanece intacto e incólume.

2
El nacional populismo

QUIENES HEMOS VIVIDO más años en el siglo XX que los que viviremos en este presente, con la caída del Muro de Berlín pensamos que el sistema democrático no sólo se extendería por el resto de la Europa dividida tras la Segunda Guerra Mundial, sino también por Rusia y otros muchos países del mundo. Todo parecía marchar bien y sólo había que dar tiempo al tiempo. El siglo XX había sido terrible en violencia y totalitarismos, pero parecía que no iba a concluir mal. Así fue en apariencia. El siglo XXI, apenas nacido, empezó a dar síntomas de rebeldía, en muchos casos semejante pero también distinta y diferente a la de su antecesor. La democracia no avanzó como debía. Por ejemplo, en Rusia, volvió a instalarse un nuevo zar, y tras esto llegaron los fracasos de las primaveras árabes. Europa comenzó a tener dudas sobre sí misma (¿hija del derecho romano, el cristianismo, la racionalidad, la democracia, el humanismo, el laicismo, el universalismo y el cosmopolitismo de la Ilustración...?), la globalización inquietó a los ciudadanos, la crisis económica desestabilizó la sociedad del bienestar, y la incapacidad de los gobiernos para proteger los intereses de sus representados dio pábulo a la aparición de los populismos de ambos extremos. Lo recientemente acontecido en Estados Unidos y la amenaza de instalar en el poder en otros países a personajes semejantes a través de las urnas, democráticamente, ha sido una manera de gritar ¡no! (¡quién nos lo iba a decir!) a la propia democracia. La involución de los partidos (la corrupción, las peleas internas, la pérdida de valores que los definan y el desconocimiento de sus programas por parte de los electores), la desmovilización de los militantes, el descontento con la deslocalización de empresas, la irrupción de las nuevas tecnologías y de la inteligencia artificial que se proyecta como una gran sombra sobre el ya precario mundo laboral (sobre todo el de las clases medias profesionales), así como el odio difundido sobre las élites y expertos (políticos, periodistas, abogados, etc.), ha traído consigo ese descreimiento en un poder compartido por todos. Algo que para muchos se ha hecho insufriblemente débil, sintiendo la necesidad de que pase todo él a manos de personas fuertes, autoritarias y, supuestamente, resolutivas. La democracia, para esas masas que votaron a los populistas, abandonó a sus ciudadanos, los arrojó a manos de grupos de empresas extranjeras, los dejó sin protección frente a los flujos de nuevas poblaciones incontrolables, sean refugiados o inmigrantes. Los ciudadanos también tuvieron que pagar con la austeridad la crisis de los bancos y del sistema neoliberal extremo. Y por si todo esto no fuera poco, el desfase entre el desarrollo tecnológico y el ser humano creó y crea miedos, ansiedades, aprensiones, un sentimiento de pérdida de control sobre nuestras vidas, unos sentimientos de ineptitud e inservibilidad. ¿Qué haremos con nosotros mismos cuando los robots controlen nuestras vidas? ¿Viviremos dedicados al mundo virtual? El ser humano siente negados su valor y su dignidad y se considera marginado, excluido, un nuevo paria moderno al filo de los límites de su dignidad. La globalización económica y la información superabundante han creado también la sensación, en muchos casos verdadera, de la desaparición de la autoridad territorial.

La profesora de Sociología en la Universidad Hebrea de Jerusalén y en París, Eva Illouz, en el libro colectivo titulado *El gran retroceso*, hace el siguiente comentario: «El populismo avanza porque el mundo de las clases trabajadoras ha sido destruido por el capitalismo corporativo y devaluado por las élites culturales progresistas que, desde la década de 1980, han concentrado su energía intelectual y política en las minorías sexuales y étnicas generando unas violentas guerras culturales. Una vez que el mundo de las clases trabajadoras ha sido destruido y rechazado, es posible recuperarlo mediante la promesa de restitución de viejos privilegios raciales, religiosos y étnicos». La democracia y, sobre todo, los partidos de la izquierda parlamentaria, deberían haberse preocupado por las vidas destrozadas por el capitalismo desbordado desde la desaparición de los estados comunistas que marcaban los límites. El populismo promete victorias a los derrotados y olvidados, denuncia los incumplimientos electorales que achaca al innecesario parlamentarismo. Ivan Krastev califica a los populistas como perdedores mezquinos y como vencedores despiadados. Las elecciones siempre están en duda cuando las pierden. La revisión de la historia la llevan a cabo a su medida, de la misma manera que reinstalan los viejos pilares totalitarios: supresión de la libertad de expresión, de las libertades públicas y sometimiento a la propaganda, autarquía, etc. La socialdemocracia, tan vapuleada en los últimos tiempos, todavía tiene mucho que aportar. Generar una alternativa convincente capaz de recoger los deseos, temores y necesidades de una mayoría de la clase media y obrera humilde, educada y conectada en las redes. A la socialdemocracia, que tendría que erigirse como muro de contención de los populismos de izquierdas, le queda por defender los derechos humanos, la igualdad de género, la libertad individual, los servicios públicos, el trabajo digno, el futuro de los jóvenes. Es decir: proteger al individuo frente a cualquier tipo de agresión política o económica y también tecnológica. Evitar la muerte civil a tantos de sus ciudadanos. El paro, las prejubilaciones, el trato de la persona como una mera mercancía, adelanta la muerte física e inevitable con otra anterior, terrible e injusta: la muerte social o civil. Pero quienes se resisten por odio, venganza, resentimiento o necesidad, también pueden formar parte de ese populismo mesiánico en el que ya nada más se puede perder. La muerte civil es la destrucción irreversible de nuestras condiciones de vida. Se convierte a gente aún joven, productiva, preparada y dispuesta en póstuma de su tiempo. Están viviendo en otro siglo que no es el suyo y, además, sin futuro. No se les puede hacer perder su estatus material, cultural y social. Perdidas sus viejas certidumbres, perdido su lugar en el mundo, así como sus vínculos con sus comunidades y sistemas de apoyo tradicionales, se entregarán a las promesas que se les ofrezcan. ¿Quién intercedió por ellos? Al individuo no se le puede dejar solo, indefenso, abatido frente a las coacciones sociales y los procesos de cambio que trastocan todo el ecosistema familiar y social. Al individuo no se le puede abandonar frente a los mercados y la «violencia simbólica» a la que se refería el sociólogo francés Pierre Bordieu. Al individuo no se le puede dejar sin la solidaridad de su estado, su gobierno, en definitiva, sin la democracia protectora. De no tomar medidas, el sistema en el que hemos vivido los mejores años de nuestras vidas, españoles y europeos, se irá resquebrajando. Las emociones y los sentimientos (venganza, odio, resentimiento) bloquean muchas veces al pensamiento racional. Entonces surge el hombre del subsuelo dostoyevskiano, el perdedor que no hace más que soñar con la venganza contra los triunfadores.

Los ideales igualitarios de la democracia han chocado con los neoliberales absolutistas de creación privada de la riqueza y con la cruel indiferencia de las corporaciones transnacionales. Es cuando los individuos desencantados se van separando del Estado-nación. Ese hueco lo toman los populismos que surgen como una nación entre naciones (de ahí quizás esa nueva denominación de España), que se pone en marcha para expulsar por métodos expeditivos si hace falta al poder económico y a las élites arrogantes. Los populismos ponen en riesgo no sólo la democracia sino también a la civilización. Encarnan algo parecido a una descivilización. Una regresión inquietante. Descivilización. El mundo, en vez de avanzar, vuelve a la barbarie. Y de esto ya fue testigo el siglo XX. No confiemos tampoco en que internet es el nuevo parlamento. Internet es menos igualitario, abierto y democrático de lo que parece. Internet controla nuestras vidas. La privacidad será uno de nuestros bienes más escasos, y junto a ella, la libertad. Noticias falsas, insultos, engaños, un mundo alegal e incontrolado donde el usuario es él mismo un producto. Todo tiene que cambiar. Todo tiene que modificarse y el ser humano volver a estar en el centro. El mundo sin él carece de sentido. La política debe seguir siendo el cuidado y mejora de la vida de sus ciudadanos. Cultura del diálogo, como siempre defendió el teórico Norberto Bobbio, entre todas las fuerzas políticas que representan a la razón. Crear nuevos espacios, no digitales sino presenciales, donde los ciudadanos puedan reunirse, desconectarse (una enfermedad todavía curable), reconocerse y ayudarse. También amarse, porque como decía el ingenioso dramaturgo Beaumarchais, autor de *El barbero de Sevilla*, «amar en todo tiempo es lo único que diferencia al hombre del animal».

3
Contra la depresión nacional

LLEVAMOS TIEMPO preguntándonos gran parte de los españoles, y estoy seguro de que también miles de europeos, los motivos por los cuales la región más próspera de nuestro país, Cataluña, ejemplo permanente de buen hacer para las demás, perdió su cordura (evidentemente no de un día para otro, pero sí a mucha más velocidad en estos últimos tiempos) y se entregó a un camino de destrucción convivencial y económico que la hará sufrir gravemente durante los próximos años. Y para responder a esta pregunta tan simple y compleja, como casi siempre, acudo a la literatura como si acudiera a Cumas para obtener una respuesta de la Sibila.

Encuentro a esta adivina de la época romana releyendo, por otros motivos relacionados con el centenario de la revolución bolchevique, la obra de Dostoyevski *Los endemoniados*: «¿No podría ocurrir que la prosperidad le resultase antipática al hombre? ¿No podría ocurrir que prefiriese el sufrimiento y también que éste le resultase tan provechoso como la prosperidad? Que el ser humano ama con pasión el sufrimiento es un hecho comprobado». No creo que todos los catalanes amen con pasión el sufrimiento que les quieren infligir unos cuantos de sus dirigentes enloquecidos por una voluntad de exclusión de poder absoluto y de destrucción.

La reivindicación identitaria es la expresión del rechazo que produce la uniformización del mundo y su falso carácter universal; proceso de uniformización que fundamentalmente atañe a cuestiones de carácter económico. Pero no hay una identidad cultural única, monolítica y separada de las demás. Por el contrario, existen comunidades de sujetos convivenciales. Es decir, personas que conviven con los demás mediante el diálogo y el convencimiento razonado o conquista del otro a través de las palabras. No hay violencia que pueda sobrevivir a la persuasión. Quien no reconoce lo heterogéneo propio de toda cultura y ataca esas diferencias como enemigas, se convierte en un peligro para la convivencia. Una cultura que deja permanentemente de transformarse es una cultura muerta. La evolución incesante es un principio básico de lo cultural y por eso no se pueden establecer características culturales o hablar de la *identidad cultural* dentro de una cultura. El filósofo francés François Jullien lo explica muy bien en su libro *La identidad cultural no existe*. Y no existe no sólo para regiones dentro de un estado, como es el caso de Cataluña que, además, nunca fue un reino independiente y siempre perteneció al Reino de Aragón. No existe ni siquiera para la propia Europa. Cuando se quiso redactar el preámbulo de la Constitución europea se pensó definir lo que era Europa, pero fue imposible. Lo mismo sucedió con el intento, fracasado todavía, de escribir un libro donde se reflejara una historia común para enseñar en colegios y universidades de la Unión. La definición de una identidad europea era imposible: «¿Europa es cristiana? ¿O, en cambio, es laica (si pensamos en el tiempo ilustrado a finales del siglo XVIII y en el fomento del racionalismo)?». Como no fue posible definir una identidad europea a gusto de todos, en el preámbulo no se incluyó. Y como comenta Jullien, a partir de ese momento se disolvieron las convicciones, se desunieron las voluntades y se adormecieron las energías. No se votó la Constitución europea, y Europa aún está a la búsqueda de sí misma.

Europa, evidentemente, es cristiana y laica (con otros añadidos menos significativos, al menos por ahora), y se desarrolló en el espacio existente entre ambas ideas. Europa avanzó con dificultades entre la fe y la razón. De ahí proviene una de las grandes riquezas que conforman a Europa. O mejor, lo que constituye Europa. En consecuencia, toda definición de la cultura europea, toda aproximación identitaria a Europa es reduccionista. Y cabe preguntarse: si hay dificultades para encontrar esta identidad común, ¿no existen también dificultades para encontrar identidades todavía más minoritarias? ¿Es que acaso los catalanes no son cristianos o laicos, no hablan una lengua románica, no comparten costumbres y hábitos similares al resto de peninsulares y europeos? ¿Acaso no han pertenecido a Grecia y Roma y no han sido partícipes de una empresa común que se llama España y que se trasladó más allá de nuestras costas? ¿Se busca acaso una identidad propia tan sólo a través de una lengua? Cristo predicó en arameo, hoy lengua en peligro en Siria. Los Evangelios se escribieron en griego. Y la mayor difusión de estas ideas se llevó a cabo en latín, incluso cuando ya las lenguas romances habían tomado forma. ¿Las lenguas son acaso un signo de identidad? ¿No se habla en gran parte de la India el inglés, así como en tantos otros lugares, y en qué afecta esto a la identidad de los hindúes?

Julia Kristeva, en su ensayo *Sol negro. Depresión y melancolía,* escribe que la depresión no es sólo un malestar personal, sino que también las naciones se pueden deprimir por las crisis económicas y la falta de ilusiones derivadas de las mismas. Kristeva advierte que la propia Europa está amenazada por una regresión melancólica, por una pérdida de identidad, valores y orgullo. Kristeva ya había escrito *Contra la dépression nationale* y *Nation Without Nationalism.* A la identidad la consideraba la filósofa francesa como un antidepresivo sociopolítico, pero para que no se convirtiese en una fuente de graves crispaciones nacionales, y ante los impasses económico-políticos de Europa «que nos dejan impotentes», sólo tenemos una baza: la cultura. Para entenderlo, Kristeva nos animaba al estudio de *El Cristo muerto* de Holbein, *El desdichado* de

Nerval o *El mal de la muerte* de Duras. ¿Existe una cultura europea? ¿Qué es? ¿Ayer, hoy, mañana? La identidad, según este libro de Kristeva, se alcanzaba al compatibilizarlo todo, al asumirlo todo, como parte esencial del conjunto. La parte, no como diferencia, sino como complemento.

¿Es o no española la melancolía? ¿Es o no España depresiva? A los españoles durante siglos se nos atribuyó el carácter «atrabiliario» (genio destemplado y violento) y «contemplativo». Lo hizo Baltasar Gracián en el *Criticón* para resaltar nuestra agudeza y sutileza, rasgo común a catalanes y demás peninsulares.

François Jullien nos dice que la identidad cultural no existe, así de tajante. Pero Julia Kristeva ahonda aún más en la herida. Por primera vez, los europeos nos estamos dando cuenta de que nuestros problemas no son solubles y habrá que convivir con ellos de la mejor manera posible. Probablemente, el 21 de diciembre de 2017 (elecciones autonómicas en Cataluña) todo permanezca, enquistado, por el estilo. Sobre todo, después de no haber intervenido democráticamente en algunos medios de comunicación antidemocráticos, feroces e insultantes contra el resto de España. ¿Nos imaginamos a RTVE haciendo campaña contra Cataluña de la misma manera que TV3? Quizás todo quede igual y nuevas generaciones de jóvenes catalanes sigan siendo, eternamente, educados en la mentira de su falsa identidad racista.

4
Contra la nueva leyenda negra

HACE TAN SÓLO UNOS DÍAS, viendo por la televisión el concierto de Año Nuevo retransmitido desde el Salón Dorado del Musikverein de la capital austríaca, esta vez dirigiendo a la Orquesta Filarmónica de Viena el maestro Riccardo Muti, recordé una anécdota de la que él fue uno de los protagonistas esenciales. En el año 2008 el Ministerio de Cultura italiano y el Ministerio de Cultura español teníamos pendiente una reunión bilateral en Italia y por empeño mío, y por cortesía de mi homólogo, el ministro de Cultura italiano de entonces, la llevamos a cabo en Nápoles. Entre otros asuntos estaban pendientes de cerrarse acuerdos de colaboración para conservar y restaurar parte del aún ingente patrimonio histórico vinculado a la presencia española en esas tierras de las que salió el gran monarca que fue Carlos III. Acabado el encuentro, satisfactorio para ambas partes, se me informó de que a la reapertura del Teatro San Carlo, después de bastantes meses de trabajos de rehabilitación, asistiría el presidente de la República Giorgio Napolitano. Que coincidiera en un mismo acto la reunión con la reapertura se debió al azar.

Yo tenía mi entrada reservada en el patio de butacas pero, al ser informado el presidente, mandó que me hicieran subir al palco real y compartir a su lado la velada. Por una parte me alegré, era algo tremendamente simbólico y, por otra, me inquieté. Lo cierto es que Napolitano (oriundo de Nápoles como también lo es Muti) era una persona encantadora, irónica y con grandes conocimientos culturales. Yo le comenté que tenía una primera edición de *Los versos del capitán* de Pablo Neruda, publicada en Nápoles durante el tiempo que vivió el poeta chileno en la isla de Capri, en la cual aparecía su nombre como una de las personas que habían subvencionado la publicación. Le agradó el recordatorio y todo fue muy fluido. En el palco, además de las autoridades locales, estaba un alto cargo del gobierno de Berlusconi. Alto cargo no sólo por lo que representaba políticamente sino por ser alguien muy cercano a los negocios del primer ministro. En la presentación fue muy cortés.

Muti salió al escenario entre grandes aplausos, saludó varias veces e inició el concierto. Todo parecía transcurrir perfectamente hasta que comenzaron a oírse gritos desde diversos puntos de la sala que cada vez se fueron ampliando más. A los gritos contra Berlusconi y su intención de cambiar la Constitución, asunto muy debatido en aquellos días, se añadieron cientos de octavillas que caían desde los pisos más altos. Napolitano me miró con una sonrisa irónica y me susurró que era una sorpresa «a la napolitana». Yo estaba encantado porque me vi como un oficial austrohúngaro en una de las escenas de *Senso* de Luchino Visconti, cuando en medio de un concierto al que asisten soldados austríacos, los espectadores italianos provocan la misma bronca en favor de la unidad de Italia. Aquello no parecía tener fin y Muti seguía dirigiendo para ver si realmente la música amansaba a las fieras. De repente, pasados ya varios minutos muy tensos, Muti hizo parar a la orquesta, les dirigió unas palabras, que desde nuestra distancia eran imposibles de oír, tocó con su batuta el atril y la orquesta recomenzó, no siguiendo la pieza en la que estaban sino tocando el himno italiano. La bronca aún duró unos instantes, pero poco a poco todo el mundo se fue poniendo en pie y cantando la letra. El maestro Muti, por su parte, no conforme con tocarlo una vez, volvió a repetirlo y de nuevo todo el mundo siguió cantándolo. Hubo aplausos. El silencio regresó a la sala y todo se arregló.

Hay dos himnos que siempre he sentido como propios, el italiano y el francés. Al escucharlos siento una gran emoción de cercanía. Nunca me gustó nuestro himno sin letra porque mi generación, que vivió los últimos años del franquismo, lo vinculó al dictador y a la dictadura. No a la monarquía, sino a la Guerra Civil y a los cuarenta años de régimen autoritario. Pero ¿acaso bajo la letra de la *Marsellesa* no fueron fusilados muchos de nuestros conciudadanos retratados por Goya? Goya, que murió exiliado en Burdeos. La historia es muy larga, y si la analizamos milímetro a milímetro siempre nos encontraremos con algo que no defrauda nuestras contradicciones.

La bandera de mi país (la trajo Carlos III) tampoco me ha gustado nunca. La mía, por motivos familiares siempre fue la tricolor. Por ella y por la República lucharon aquellas gentes (intelectuales, escritores, artistas, científicos) por las que yo siempre he sentido una gran admiración y que fueron nuestros verdaderos maestros.

El caso es que, hasta la aprobación de la Constitución de 1978, yo, como gran parte de mi generación, era republicano y no reconocía las enseñas y los símbolos que hasta entonces nos habían representado. Pero al votar la Constitución, yo, sin dejar de ser lo que hasta entonces había sido, opté por el pragmatismo: una monarquía parlamentaria, una bandera y un himno semejantes a los de tiempos anteriores. Creo que todos los que votamos a favor, la inmensa mayoría, no nos equivocamos. Votamos con la razón y preservamos, como yo aún todavía preservo, nuestros sentimientos. Carrillo, la Pasionaria, María Zambrano, Rafael Alberti, Francisco Ayala o Picasso, a través del regreso de su obra más representativa del siglo XX, el *Guernica*, y tantos y tantos otros exiliados volvieron a España e hicieron lo mismo, reconociendo así aquella nueva España que coincidía de alguna manera con la misma por la que ellos habían luchado. Por primera vez las dos Españas se juntaban, colaboraban y ponían en marcha un país que ha llegado a la más alta cota social-política y económica de su larga historia. Juan Carlos I y Felipe VI han sido, y siguen siendo, fundamentalmente monarcas republicanos. Infinitamente con menos poder que el que tiene el presidente de la República Francesa. Ambos se han enfrentado a dos golpes de Estado. Uno, a la vieja usanza del XIX, y el otro, de forma novedosa en el XXI, en medio de las nuevas tecnologías. ¿Alguien puede pensar que ambos reyes son franquistas? ¿Alguien puede pensar que esta democracia que tiene todas las garantías legales y que es reconocida internacionalmente es franquista? El apoyo de todos los países del mundo a la unidad de España se les debe también a ellos, a la labor diplomática extraordinaria e intensa que han desarrollado a lo largo de estas décadas. Cuando Felipe VI llegó al trono ya había estado varias veces en todos o casi todos los países del mundo, conocía a sus autoridades y a los representantes más destacados de la sociedad. ¿Alguien podría pensar que un rey joven, políglota, culto, preparado y absolutamente democrático compartiría un poder franquista? Un presidente de la República hoy, siendo el mejor, no tendría la preparación y la experiencia de nuestro rey. Y yo, que sentimentalmente sigo siendo republicano, lo puedo atestiguar por los muchos viajes realizados junto a sus padres y a él mismo.

La democracia en España está asegurada no sólo por las elecciones libres, los partidos políticos, los tribunales, los sindicatos, la prensa y demás instituciones representativas, sino también por un rey que sabe y es consciente del momento en el que vive y que fue educado en la defensa del parlamentarismo y la división de poderes. Hoy solamente las monarquías en Occidente pueden ser democráticas, y los partidos nacionalistas y populistas que combaten nuestra democracia lo saben. Companys no fue fusilado por los españoles sino por Franco, como el dictador hizo con tantos otros de nuestros compatriotas. Nuestra Guerra Civil no fue una guerra del resto de España contra Cataluña, sino entre unos españoles y otros. Y como tantas otras veces, quienes ganaron no tuvieron la grandeza de respetar a los perdedores. En realidad unos y otros lo fueron.

Bajo la bandera roja y gualda, bajo el himno sin letra, bajo la monarquía parlamentaria a lo largo de estas cuatro décadas de libertad y progreso como jamás tuvo este país en sus más de quinientos años de existencia, hemos recibido premios Nobel, Oscar y galardones en los más importantes festivales de cine del mundo, medallas olímpicas y mundiales, reconocimientos culturales, políticos, económicos, deportivos, científicos, hemos dirigido organismos internacionales, hemos enviado tropas de paz a conflictos internacionales y tantas y tantas otras cosas. Y no sólo hemos recibido sino dado muchos otros premios, por ejemplo los Princesa de Asturias a grandes personalidades internacionales o los Cervantes compartidos con nuestros hermanos hispanoamericanos. ¿Acaso todas estas gentes lo hubieran recogido de un rey antidemocrático? Me entristece que un español, aunque no lo quiera ser, mienta y engañe con una nueva leyenda negra que nos insulta gravemente a todos. En los estados totalitarios que quieren crear populistas y nacionalistas no habría ni monarquía ni república. Simplemente no habría democracia, no habría ni siquiera partidos políticos. En definitiva, no habría libertad. Denominarnos de *régimen* a quienes luchamos contra el franquismo y ayudamos a traer la democracia es un acto vil de gente malnacida. La transición democrática fue el arte de lo posible que nos llevó a lo casi imposible: un país en paz después de siglos de guerras, un país democrático, un país con gran presencia en el mundo, un país cuya lengua común hablan más de medio millón de personas, un país en el que se enseñan, cuidan y respetan las otras lenguas oficiales, un país cuyo desarrollo autonómico es superior al de cualquiera de los países europeos, un país que construyó un Estado del bienestar inusitado. Sí, también, por supuesto, hay lados oscuros, muy oscuros, como en la vida misma, pero el balance no puede ser más positivo. Y sí, también, esto se lo debemos a nuestros dos monarcas, Juan Carlos I (y no nos olvidemos del papel de la reina Sofía) y al rey actual Felipe VI (y doña Letizia), imagen simbólica de todo ello.

Sé que mis viejos y muy queridos amigos del Ateneo Republicano de La Coruña, mi ciudad, seguirán teniéndome en cuarentena, pero entenderán que uno tiene que ser no sólo fiel a sus sentimientos sino a la razón que los pueda sostener. Mi voto a favor de la Constitución (y es necesario revisarla pronto para adaptarla a este mundo nuevo tan cambiante) sigue totalmente vigente. Que las nuevas generaciones, formadas en el olvido de nuestra historia, no repitan los males de sus antepasados. Aunque, como dice irónicamente Kathleen Raine en su ensayo *La utilidad de la belleza,* «la ausencia de cultura puede considerarse otra clase de cultura, la ignorancia otra forma de conocimiento». La convivencia y el respeto a las ideas son fundamentales. También es esencial el respeto a las leyes acordadas por todos. En España no hay presos políticos, los hubo hace ya más de cuarenta años. En España no hay exiliados, los hubo hace ya más de cuarenta años. En España no hay rehenes. En España hay una ejemplar monarquía parlamentaria respetuosa y fiel con los procedimientos políticos, legales y jurisdiccionales como en cualquier otro país miembro de la Comunidad Europea. Esto se sabe, es público y notorio, pero a veces es necesario decirlo en voz alta. Yo lo digo e invito a todos los españoles a que lo hagan allí donde estén. ¡Ya basta de hablar mal de nosotros mismos!

5
Las democracias suicidas

CUENTA SÁNDOR MÁRAI en *Lo que no quise decir* que las democracias se habían tragado todas las injurias y humillaciones y se vieron obligadas a declarar la guerra. Y añade este comentario descorazonador. En Ohio o en Massachusetts, jóvenes de dieciséis o diecisiete años dormían plácidamente sin sospechar que al cabo de tres o cuatro años vendrían a morir a las costas de Sicilia o de Normandía. Y no sólo de Estados Unidos, sino también de otros países lejanos como Canadá, Australia o India. A las democracias, debido a sus propios métodos transigentes, les cuesta mucho más que a los dictadores movilizar a las masas y motivarlas para la defensa de la libertad siempre en peligro. El propio Márai tuvo un día que sufrir los gritos de un joven nazi que le dijo: «¡Ya te daré clases de democracia!». ¿La actual democracia occidental está tan en peligro como lo estuvo en los años treinta y cuarenta del pasado siglo? Sin ser muy alarmistas yo diría que sí y, además, no sólo por un único motivo sino por varios y todos coincidentes. Hay un retorno del viejo fascismo y del comunismo enmascarados en los populismos, un abandono en la fe democrática por parte de quienes la tendrían que defender y un nacimiento acelerado de las nuevas tecnologías que están imponiendo por la fuerza un estado paralelo universal controlado por sus empresas arrogantes. De entre todo esto destacaría, precisamente, la debilidad de los regímenes democráticos cada vez más a la deriva. John Adams, segundo presidente de los Estados Unidos, en una carta que le remitió en 1814 al filósofo y político John Taylor, le recordaba que la democracia –ya históricamente– nunca duró mucho: «Nunca ha habido una democracia que no se suicidara». Desde entonces han pasado más de doscientos años y la democracia estadounidense, a diferencia de otras europeas, ha sobrevivido. ¿Pero Trump no se está empeñando en cumplir la «profecía» de su antecesor? ¿Hay democracia en Rusia, en China? ¿Y cuál es la situación en nuestros países europeos cercados por problemas de todo tipo, principalmente por los que ellos mismos se inventan?

Los viejos fantasmas están resucitando y, si cabe, con más fuerza y con nuevas máscaras equívocas. Al descartar las humanidades en los planes de enseñanza, algo fundamental para comprender el mundo, el corazón humano, la sociedad y la civilización democrática, nos hemos entregado a una nueva barbarie. El conocer y el saber exigía un aprendizaje, un ejemplo (la familia) y un esfuerzo que hoy no se proporciona. Y ese espacio vacío lo están ocupando los totalitarismos ideológicos, tecnológicos y económicos. Todo ello, paso a paso, conlleva a la pérdida del espíritu democrático que nació y se desarrolló con fuerza en la confianza ilustrada, en el progreso humano, en la bondad natural, la racionalidad, las instituciones o los valores políticos y sociales de convivencia. Pero lo malo, y a veces lo peor, del ser humano retornó, ha retornado con fuerza de virtud: la avaricia, el poder a toda costa, los deseos incontrolados, el interés personal sobre el colectivo, la irracionalidad reflejada en el miedo y la xenofobia. Y uno de los mayores aliados de los sistemas totalitarios hoy metamorfoseados en populismos es precisamente el miedo. Miedo a la crisis económica, miedo a la crisis social, miedo a la inseguridad, miedo a la inmigración, miedo de los ciudadanos a su orfandad, miedo a las guerras, miedo al progreso científico y tecnológico a un ritmo por encima de la capacidad humana de asunción. La democracia clásica está dando lugar a una «democracia» de masas regida por la ignorancia, el complejo de inferioridad (de ahí provienen fanatismos y sectarismo), el conformismo clientelar y, sobre todo, la frustración. Los totalitarismos de derechas o de izquierdas (tanto monta, monta tanto) siempre han estado latentes en el cuerpo vivo de la democracia de masas. Una carcoma lenta pero profunda. Los totalitarismos que traen las dictaduras, la violencia indiscriminada, el ocaso o eclipse de los valores morales, el retorno a una etapa precivilizatoria en la que se pone en tela de juicio lo que es la verdad, el bien común o la belleza. La pérdida de los valores espirituales hace progresivamente desaparecer la moral, la cultura, el cultivo del espíritu, el cultivo del ser humano, para elevarse por encima de los instintos y la naturaleza sanguinaria e irracional. Aquellos que permanecen esclavos de sus deseos, emociones, impulsos, temores, prejuicios, al margen de su intelecto educado, no pueden nunca llegar a ser libres. ¿Pero si no se les educa? El bien, el mal, la verdad, la mentira, la compasión, el amor... son construcciones culturales que nos han auxiliado a convivir y avanzar. Si el ser humano pierde su dignidad y se libera definitivamente de todo valor espiritual, exigirá que todos sus deseos sean satisfechos y, de no ser así, se convertirá en una fiera. Liberado de las creencias religiosas, de la cultura laica, del poder autoritario, entregado al progreso tecnológico será ya más fiera furtiva que humano. La masa imbuida de ausencia de pensamiento no desea ser agobiada con valores intelectuales o espirituales, sino con realizaciones inmediatas que la satisfagan provisionalmente. Nada de complicaciones mentales, únicamente satisfacciones cotidianas. Sin memoria, sin espíritu, sólo gobernada por las necesidades inmediatas materiales, tenderá a la violencia. Vida pasiva, uniforme, superficial, homogénea, desasosegante, es utilizada para todo pero sin consultarle nada. Vida infeliz.

La verdadera identidad de una persona no está determinada por los modos en que se distingue de los otros (dinero, poder, raza, sexo), sino precisamente por aquello que la vincula a sus semejantes (espíritu, verdad, belleza, paz). La igualdad ahora sólo puede manifestarse en lo material: justicia social, igualdad de oportunidades, voto. A todo el saber y conocimiento se le denomina élite, y le hacen equivaler a algo antidemocrático contra lo cual arrojan el resentimiento y el rencor. La cultura social de masas se equipara por lo más bajo: menos exigencias educativas, odio hacia todo lo difícil, evaluaciones ficticias dado que todo el mundo tiene derecho a aprobar, sustitución del profesorado por las máquinas, fobia a la memoria y a la retórica... Y los medios de comunicación, que deberían combatir todo esto, son cómplices junto con los políticos acobardados por los votos. ¿Por qué la falta de reflexiones y citas en los discursos políticos? ¿Por qué tanta escasez de programas culturales en los medios audiovisuales cuando éstos tienen una concesión pública? La educación y la cultura exige esfuerzo, pero sin ayudas todavía más. Y si además a esa élite se le arroja el resentimiento, las antiguas hogueras pueden reverdecer. Las élites eran y aún son los custodios de nuestros valores supremos, es decir, convivenciales. Los judíos europeos fueron perseguidos y asesinados por los mismos motivos que hoy se esgrimen contra la cultura y los intelectuales: sus conocimientos y relevancia social, su cosmopolitismo antinacionalista, su espíritu crítico insobornable. Chivos expiatorios unos y otros. El deterioro de nuestra educación y nuestra cultura occidental y democrática es gravísimo, y yo pienso que en muchos sentidos ya irrecuperable. Rob Riemen en *Para combatir esta era* escribe que la socialdemocracia renunció a su derecho a existir en el momento en que dejó de estar preparada para luchar por el desarrollo moral y cultural de la población y al enfocarse sólo en intereses materiales que alentaron resentimientos entre las gentes. Mientras que los conservadores estuvieron dispuestos a intercambiar, sin escrúpulo alguno, la defensa de los valores espirituales por la preservación de su propio poder, bajo el velo de la «tradición» y el «orden social». En la tradición judeocristiana, la libertad es la responsabilidad que tiene todo ser humano de ser lo que debe ser: una persona justa. Spinoza equiparaba la libertad a la razón, lo que nos hacía emanciparnos de la estupidez, el miedo, el deseo, la fuerza, la violencia e iniciar el camino hacia la verdad. Pero la masa tiene miedo a la libertad, en el sentido del saber y el conocimiento. No a la libertad irracional en la que todo está permitido para la satisfacción de los instintos y deseos de manera violenta. El líder carismático surge muchas veces como protector de ese miedo a la libertad. Líder carismático calificado por Primo Levi como histrión. A él se le entrega una masa ciega, sin moral, sin cultura, trivializada, en manos de la demagogia, con miedos y resentimientos. Si no hay un clima espiritual como reclamaron tantos artistas y escritores durante el período nazi en

Alemania y soviético en Rusia, no se puede combatir contra los totalitarismos de cualquier signo.

Los populismos hoy juegan con los mismos elementos que sus ancestros: chivos expiatorios, el rencor, la incitación al odio, el vacío educacional y cultural. El fascismo nació y se desarrolló en Europa como el comunismo. También en nuestros días las ideas sobre el Estado Islámico. La democracia está en peligro por la crisis de los partidos políticos, de la política misma y sus representantes, por la corrupción, por la crisis de identidad, la demagogia, la estupidez, la propaganda a través de las redes sociales, la vulgaridad, la falta de fe en cualquier asunto espiritual, el abandono del Estado hacia sus conciudadanos a los que siempre debería proteger y no dejar en manos de los especuladores. La democracia como forma de gobierno que busca enaltecer a los seres humanos y les permite pensar y ser libres. El objetivo de la democracia siempre fue la educación, el desarrollo intelectual y la nobleza de espíritu. Y todo lo que no se haga en favor de ello conducirá a nuestro viejo continente a la deshumanización. Europa debe resistir a los totalitarismos, fanatismos (el «honor de Dios debe vengarse», cuando el primer mandamiento es «No matarás»; de ello habla Étienne Barilier en *El vértigo de la fuerza*), sectarismos, falsas utopías, paraísos inalcanzables como los tecnológicos, el racismo... ¿Por qué se le da tanta importancia a la tecnología, la velocidad, el dinero, la fama, las apariencias, la juventud, la especulación...? Ya Sócrates había sido crítico con todo ese mundo placentero que ignoraba el bien más alto. La nacionalidad, el origen, el idioma, las creencias, la riqueza, la raza no deben ser impedimento para defender valores universales que compartimos en un mismo planeta y que hacen posible la subsistencia de la especie.

Para pensar sobre la vida sin miedo hay que responder a las preguntas de siempre: «¿Quién soy? ¿Conócete a ti mismo?». La vida espiritual no es irrelevante, no es inútil, nunca lo fue. El pensar sobre la vida y la muerte nos ayuda a no tenerle miedo al destino. Lo útil sólo resuelve una parte de la vida. En nuestro mundo se nos ofrecen todo tipo de ofertas: omisión de la muerte, enfermedades sanadas, eterna juventud... El populismo no sólo es político-económico sino también social. El desamparo educativo y cultural conduce a estos males. Crisis de civilización, crisis moral. Sin saber, sin reflexión, sin virtudes espirituales, sólo con el anhelo del poder y la pérdida de criterios, el ser humano se convierte en masa, cliente, público, espectador. ¿Dónde las personas justas? ¿Dónde las personas felices? ¿Dónde los seres libres? Conservar todo lo que tiene un valor espiritual y eterno. Todo lo que no es expresión de cualidades espirituales eternas no es cultura sino moda. La democracia es la búsqueda de una sociedad más justa.

Muchos años antes de que el poder mundial se reuniera en Davos, Thomas Mann puso a esta cima como telón de fondo de *La montaña mágica* y el *Doktor Faustus*. Capital entonces de la cultura, hoy lo es del vacío intelectual. Allí cada año se lanzan palabras vacías, grandilocuentes, ruidosas, sacralizadoras del dinero, las riquezas, las utopías tecnológicas, etc. ¿Por qué en Europa paralelamente no hay una gran reunión sobre la educación y la cultura? Mann publicó *La montaña mágica* en 1924, diez años después de su estancia en Davos. En aquella misma estación de los Grisones, en 1929, tuvo lugar un coloquio filosófico en el Gran Hotel entre Heidegger y Cassirer. La fuerza contra la forma. La fuerza irracional de Heidegger contra el humanismo racionalista de Cassirer. Ya sabemos lo que poco tiempo después pasó. ¿Hemos vuelto a la fuerza irracional frente al humanismo ilustrado y racionalista? Cassirer le recitó a Heidegger el poema «El ideal y la vida» de Schiller: «... pero libre de toda violencia del tiempo, [...] / camina por las alturas en los pórticos luminosos / divina entre los dioses, ¡la Forma!».

Me horrorizan esas teorías del tecnoevangelista Raymond Kurzweil que hablan de una futura pero próxima fusión entre los seres humanos y las máquinas dando así lugar a lo que han denominado «hombre singular», la perfecta fusión de hombre y tecnología, que sigue siendo un ser humano sólo que con las cualidades de un robot. Un ser humano híbrido e inmortal, pues la tecnología ocupará el lugar de la biología. Pensamiento tecnototalitario que viene de California (una región fabulosa de los libros de caballerías). California ¿cuna de la nueva descivilización? Todavía vivimos en la civilización, aunque nos falta poco para perderla y debemos defendernos de estas agresiones y torturas que nos quieren implantar. ¿Dónde nuestros estados para defendernos? ¿Dónde la gran Europa cuna de la civilización para defendernos? Ya está siendo tarde. Wittgenstein nos advirtió que la ciencia nos ayudaba a conocer la naturaleza mientras que el misterio de la vida era inalcanzable incluso para ella. Banalidad de la tecnología. De la misma manera que los islamistas no creen en absoluto que estén atrasados en nada ni que necesiten ponerse al día, las tecnologías están absolutamente convencidas de su dominio sobre todo, incluso sobre la vida. Quizás el mundo que se nos viene encima prescinda del todo del espíritu, incluso del ser humano, y entonces habrá que combatirlo de nuevo. En el Evangelio de san Juan se dice aquello de que «en el principio era el verbo». Hoy parece que estemos escuchando aquello que Goethe dijo a través del *Fausto*, «en el principio era la fuerza». La fuerza contra el humanismo. La fuerza contra la voluntad y la libertad. La democracia aún está a tiempo. No queda ya mucho.

6
Lo que Azaña hubiera hecho

«Democracia es la suma de procedimientos que acogen cualquier pensamiento, excepto el que propone derrocarla. No creo que siempre sea así...», escribe Roberto Calasso en su ensayo *La actualidad innombrable*. La democracia, alguna democracia, debido a sus complejos de culpa no curados ¿psicoanalíticamente?, es capaz de dejar circular incluso ideas que pueden llevar, con el tiempo, a su derrocamiento. Esto es lo que ha sucedido en Cataluña con sus planes de estudio nacionalistas, y esto es lo que podría suceder también en otras comunidades autónomas siguiendo las mismas pautas y directrices sin control. ¿Cómo es posible sino que todavía la televisión catalana y toda su red de innumerables radios locales sigan emitiendo estruendosos insultos y amenazas intolerantes contra el resto de España y sus propios conciudadanos también catalanes? ¿Acaso una democracia puede seguir permitiendo esto? ¿Nos imaginamos qué pasaría si RTVE, con toda su red, estuviera transmitiendo veinticuatro horas seguidas consignas, insultos, noticias falsas, publicidad insidiosa y amenazas contra Cataluña? Que yo sepa, sólo hay un país en estas mismas condiciones: Corea del Norte contra Corea del Sur, y creo que, ahora, esa voz chillona debe haberse acallado algo después de los gestos pacíficos entre sus presidentes. En Cataluña cualquier día alquilarán esos altavoces que están desmontando en la frontera coreana desde donde también se insultaba a los del sur. Probablemente los resintonizarán en la frontera de Lérida con Aragón.

El teólogo Johannes Baptist Metz, actualizando a Marx, del que se están cumpliendo los doscientos años de su nacimiento, decía que el opio de los pobres hacía bastante rato que ya no era la religión, sino la cultura que estaban y están imponiendo los medios de comunicación. Y en Cataluña, a la educación sectaria, mentirosa, anticientífica y beligerante contra el resto de España (y de Europa), se le añade otro elemento más muy fundamental y destacado: las radios y televisiones indignas, racistas y antidemocráticas, como es TV3. ¿Por qué no se la ha intervenido (es decir, reconducido, no clausurado) simplemente aplicando la Constitución? ¿Por qué se la ha dejado continuar difundiendo sin control sus mentiras? ¿Acaso podría emitir, por ejemplo, un mismo discurso contra la vecina Francia? Toda esta situación es insólita y hace descreer a muchos catalanes constitucionalistas y democráticos que allí se puedan arreglar las cosas. ¿Es esto libertad de expresión? ¿Es libertad de expresión el permitir que unos ciudadanos ofendan y denosten a sus compatriotas permanentemente sin que nadie haga respetar sus derechos? Estamos ante un nuevo fascismo latente bajo la capa del nacionalismo. Los totalitarismos iniciaron así su andadura. Un fascismo que nace como ideología y actitud anímica de la profunda angustia de un mundo adolescente, de la enemistad con la vida de los otros congéneres que destruye todo respeto y devoción hacia ella. Un nacionalismo inventado, repleto de rencores y resentimientos profusamente enseñados, y ensañados, que han acrecentado cada vez más su vieja costra de odio tribal. El nacionalismo, como decía María Zambrano del fascismo, no sólo comete crímenes sino que él mismo es un crimen: porque obra sin reconocer más realidad que la suya, porque funda la realidad en un acto suyo de violencia destructora. Esa violencia arrasadora es la que se está promoviendo todos los días, desde los medios de comunicación audiovisuales públicos de Cataluña contra el resto de España. Para quienes se rasgan las vestiduras en defensa de la libertad de expresión a ultranza sin conocer la propia historia de su país, creo que valdrá la pena recordarles, aunque muy sucintamente, este episodio que le aconteció a la propia Segunda República Española.

Ante los ataques que, por la derecha y la izquierda, sufría el régimen recién constituido y sin apenas tiempo para proclamar su nueva Constitución, el gobierno, sin acuerdo dentro de su propio seno y con carácter de urgencia, aprobó la Ley de Defensa de la República. Los ataques furibundos provenían, fundamentalmente, de parte de la prensa escrita que, por aquel entonces, movilizaba la opinión pública. La Ley fue aprobada en la sesión del 20 de octubre de 1931. Manuel Azaña no era partidario de la misma, propuesta por Antonio Maura, porque veía extraño y contradictorio que el nuevo régimen, siempre defensor a ultranza de la libertad de expresión e imprenta, fuera ahora quien la reprimiese. Manuel Azaña era más partidario de suspensiones temporales, pero la rápida y acelerada experiencia de gobierno, que tuvo que adquirir a marchas forzadas, le hizo ver la necesidad de dicha Ley a la que Prieto opuso la mayor resistencia (como hoy también el Partido Socialista). Las relaciones de Manuel Azaña con la prensa, curiosamente él que era escritor, intelectual y periodista, aparte de funcionario, nunca fueron demasiado buenas. Lo mismo le pasó a la República zarandeada por extremos de distinto signo. Al aprobarse la Constitución, en diciembre del mismo año de 1931, la Ley se hubiera convertido automáticamente en anticonstitucional, en virtud del artículo 34 que garantizaba la libertad de prensa, si no fuera porque se especificó que la anterior Ley conservaría su vigencia, asimismo constitucional, mientras estuvieran en funcionamiento las actuales Cortes Constituyentes, si antes no las derogaba expresamente.

Manuel Azaña, en el complicado discurso que tuvo que pronunciar en defensa de la Ley clasificaba a la prensa en dos categorías: una, verdadera, digna, legal y decente; la otra, malévola e insidiosa, difusora de mentiras. La primera no tenía por qué temer nada, podía seguir haciendo libremente su labor; mientras que la segunda debía andar con cuidado. La prensa que se ocultaba a la luz del día (las hojas facciosas y clandestinas de diversas ideologías revolucionarias) se dedicaba al descrédito de la República. A esa prensa de las tinieblas la calificaba Azaña de «reptil». Por lo tanto, él aceptaba que la libertad de expresión, en determinadas circunstancias de emergencia y ante el acoso permanente y continuo al Estado de derecho, podía ser protegida y no censurada como otros querían hacer creer. Noticias incitadoras de la violencia social, y noticias desestabilizadoras del orden público, menosprecio de las instituciones u organismos del Estado, apología de otros regímenes despóticos del pasado o si no incipientes, relacionados con los totalitarismos, etc. Todo esto conducía a penas carcelarias, multas, suspensiones y ocupaciones de la publicación.

Ante aquellos tumultos provocados por algunas relevantes cabeceras y un sinfín de otras recién nacidas, el gobierno tomó la decisión de «no dar libertad a los enemigos de la República». Así, el propio Azaña se lo manifestó personalmente, y él mismo, además, lo dejó notarialmente escrito, a los directores de *El Debate*, *Heraldo de Madrid* y *La Época*, que asustados lo fueron a ver. La Ley de Defensa de la República duró hasta finales de agosto de 1933. Fue sustituida por la Ley de Orden

Público, promulgada un mes antes de que fuera derogada la anterior por un gobierno todavía presidido por Manuel Azaña. La utilización de la misma por otros gobiernos de signo conservador ya sería otra historia. Posteriormente, en el año 1935, se redactó un proyecto de Ley de Prensa muy involucionista rechazado incluso por una parte de la propia derecha. La vida de la prensa fue convulsa durante los últimos meses de la Segunda República. Durante el segundo bienio, la libertad de prensa fue más difícil de mantener e incluso se impuso la censura previa ante la declaración del Estado de alarma de 1934. La Revolución de Octubre lo complicó todavía más. El caso es que la censura previa duró quince meses hasta enero de 1936, en vísperas de los sufragios que ganaría el Frente Popular. Durante la campaña electoral hubo más libertad pero, ante el cada día más creciente clima de violencia, el gobierno recién salido de las urnas impulsó nuevamente la censura previa.

¿Sería hoy permisible una prensa escrita o digital, o unos medios de comunicación audiovisuales, que se manifestaran en contra de nuestra democracia y azuzaran a las masas al fascismo, al comunismo o a los populismos que ya conocemos? ¿Sería ir en contra de la libertad de expresión cercenar este camino antidemocrático y anticonstitucional? Eso es lo que desde hace ya muchos años se está produciendo en los medios de comunicación gobernados y firmemente manipulados por la Generalitat, con las consecuencias que sabemos y las que todavía queremos desconocer. El «reptil» de Manuel Azaña aún existe, y la libertad de expresión debe servir para defender la libertad y no para coartarla. «Democracia es la suma de procedimientos que acogen cualquier pensamiento, excepto el que propone derrocarla...», escribe Calasso. ¿Lo estamos permitiendo?

7
María Zambrano siempre nos acompaña

Aunque la obra de María Zambrano permaneció varias décadas en el exilio como su persona, hoy ya nadie duda de que es una de nuestras más grandes pensadoras y escritoras. Pocos autores como ella, y en la filosofía española aún más, pueden codearse con los grandes nombres de la nomenclatura europea. Además el estilo de María es muy propio y original, siempre rozando el ensayo, la reflexión, la poesía y todo género que le venga bien para elaborar su discurso. Gracias al esfuerzo titánico de Jesús Moreno y un grupo de investigadores, junto con la encomiable labor de la editorial Galaxia Gutenberg, se está llevando a cabo la inmensa labor de publicar sus *Obras completas* revisadas y analizadas pormenorizadamente. También añadiendo textos inéditos y otros que, por diversos motivos, quedaron relegados en su momento y que con el pasar del tiempo han ido adquiriendo un valor histórico fundamental para completar el sentido final de su trabajo. Ahora aparece el IV volumen de las *Obras completas*, en su tomo I, que abarca *Claros del bosque*, *De la aurora* y *Senderos*. En este último recopila textos tan ejemplares y de actualidad como «Los intelectuales ante el drama de España», «Ensayos y notas», en el que se refiere a Séneca, a san Juan de la Cruz, a Antonio Machado, a Unamuno, a Neruda; así como el maravilloso «La tumba de Antígona». Además hay un largo apartado final, *Anejos*.

Claros del bosque es uno de los más grandes libros escritos en lengua española en el siglo XX. El carácter teologal de la palabra poética como mediadora entre el ser humano y lo sagrado. María se pone al lado de la mística de san Juan de la Cruz, de santa Teresa, de Molinos, del sufismo, de la Cábala y Maimónides, entre otros autores y tendencias, para alcanzar el origen de la palabra, que es el lugar de donde venimos. En La Pièce había muerto su hermana y compañera, Araceli, y allí quedó ella abandonada de nuevo, refugiada, desterrada y exiliada. Si siempre había estado al límite de sus sufrimientos, esta nueva soledad la ponía una vez más a prueba. Ese no lugar del exilio se convierte en el espacio de la revelación. Una revelación que comparte con el delirio, el rapto, el descenso a los infiernos de la historia, de la nada, del vacío. *Claros del bosque*, entre otras muchas cosas, es el retorno al origen del ser, de la palabra, de lo divino, de la naturaleza, de la transformación interior.

Los textos de *Senderos* deberían hoy ser leídos por nuestros políticos pues, desgraciadamente, lo que cuenta María Zambrano de aquella España hoy está camino de volver a reproducirse. En «La experiencia de la historia» advierte de las mentiras de la caída o despeñamiento de todo lo que se alza como promesa, «el conflicto entre el hombre que pide vivir y la historia, la antihistoria más bien, que lo condena», «la degradación última de la razón occidental que al horror ofrece su método», y ensalza finalmente la fidelidad intelectual. En «La inteligencia y la revolución» hace un alegato contra el fascismo. Comenta lo que su maestro Ortega dice refiriéndose a España, en su libro *España invertebrada*, aquello de que nuestro país nunca ha llegado a realizarse por una insuficiencia de su constitución. Zambrano –como Unamuno, Baroja, Valle-Inclán u Ortega y Gasset– muestra la desesperación por el sangriento devenir español, su amor y desamor por tanta intransigencia. A la burguesía intelectual, liberal y tolerante española no le había dado tiempo a desarrollar todo su programa reformista que venía de la Institución Libre de Enseñanza. Al Partido Socialista tampoco le había dado tiempo a educar moralmente a la masa obrera. Y a la Generación del 98 y a la del 27 no se las había escuchado como se debía aunque éstas hubieran promovido la República como el avance necesario en aquellos turbulentos tiempos hacia el regeneracionismo. En otros textos de *Senderos*, María habla de la revista *Hora de España* publicada durante la Guerra Civil; de Antonio Machado, no sólo como un gran poeta sino también como un mártir ejemplar; de la España de Galdós; de Séneca, «muy español fue también Séneca en hallar su camino fuera de España; lo español a menudo se desarrolla mejor lejos de su origen...»; de Antonio Machado (siempre Antonio) y Unamuno como precursores de Heidegger; de san Juan de la Cruz, etc. *Senderos* se completa con «La tumba de Antígona», una joya maestra de nuestra literatura y todo un símbolo de nuestra pensadora. Siempre hay que enterrar a los muertos porque de no ser así sus fantasmas nos perseguirán.

Una antología esencial de María Zambrano debería estar presente en todos los colegios e institutos de nuestro país. Su obra es un ejemplo de paz y concordia entre todos los seres humanos, incluidos los españoles. Hoy como ayer, en España no hay sólo crisis de todo, sino también y sobre todo orfandad. Por eso lo importante de disponer de intelectuales como ella. María definió a los intelectuales como aquellos que dan nombre o figura a lo visto y sentido en cada circunstancia histórica, quienes rompen la mudez, y responden siempre con una renovada comparecencia y testimonio de la verdad. Leyendo a María Zambrano, nadie jamás se podrá sentir huérfano de España.

8
Volver a fray Luis, volver a Unamuno, volver a Salamanca

HACE AHORA sesenta y cinco años se celebraba aquí mismo, en Salamanca, el II Congreso Internacional de Poesía. El primero había tenido lugar en 1952 en Segovia, mientras que el tercero y último hasta ahora, se llevaría a cabo en Santiago de Compostela en 1954. Dos años después, también aquí, en Salamanca, se desarrollarían las Conversaciones sobre Cine. Todas estas actividades culturales, de tanta trascendencia, transcurrieron durante unos años en los cuales el régimen franquista tenuemente abrió la mano, no por convicciones liberales, sino por el arrojo de una serie de profesores e intelectuales que se arriesgaron a poner en práctica un nuevo espíritu de concordia tras la larga y oscura posguerra y el primer regreso de exiliados. Y qué mejor espíritu conciliatorio que atraer a poetas de todas las lenguas españolas y poner de testigos a otros hispanoamericanos, portugueses, franceses, italianos o de habla inglesa. Especialmente, el II Congreso Internacional de Poesía de Salamanca incidió en abrir una vía de diálogo, conocimiento y admiración mutua entre la lengua española y la catalana. No en vano el número de poetas catalanes asistentes, así como su importancia y simbolismo, fue muy significativo: Carles Riba, Foix, Perucho, Clementina Arderíu, Tomás Garcés, Permanyer, Teixidor o Rafael Santos Torreoella, casado con una inolvidable salmantina, Mayte Bermejo. Siempre la herida de Cataluña. Ya antes de la Guerra Civil, durante la República, se habían llevado a cabo este tipo de reuniones y de acercamientos, algunos de los cuales fueron suscitados por Ernesto Giménez Caballero y su excelente publicación *La Gaceta Literaria*, o la propia *Revista de Occidente* de Ortega.

Aquellos esforzados intelectuales, dentro del propio Régimen eran, entre otros, el ministro de Educación Ruiz-Giménez, el rector de la Universidad de Madrid, Laín Entralgo, el rector de la Universidad de Salamanca, Antonio Tovar, o el director general de Enseñanza Universitaria, Pérez Villanueva. También estaban con ellos Dionisio Ridruejo, Vivanco y Rosales. El propio Ridruejo, en el colofón, en su discurso de cierre del Congreso, habló de «la tragedia de España, que quiere ser una y universal, diversa y conviviente, compendiadora de todas sus múltiples diversidades culturales, geográficas y políticas». ¡La tragedia de España! Si todos ellos vieran lo que ha hecho la democracia española en estos cuarenta años, estarían más que satisfechos y, probablemente, sorprendidos. España cambió radicalmente en todo y, sin embargo, ese espíritu de conciliación y convivencia entre quienes habían ganado y perdido, todos ellos españoles dispuestos a colaborar para que la confrontación no volviera a producirse nunca más, parece ahora haberse detenido, roto, involucionado. En medio de las libertades recobradas como jamás las hubo, en medio de las lenguas y culturas respetadas (yo lo afirmo porque vengo de una de ellas) y reconocidas constitucionalmente, en medio de una economía que se cuenta entre las mejores de Europa y el mundo (¡quién nos lo iba a decir!), en medio del prestigio internacional de nuestros escritores, artistas, científicos o deportistas, vuelven a surgir los antiguos fantasmas. Por eso, este nuevo Congreso Internacional de Poesía (celebrado en junio de 2017) adquiere un valor simbólico excepcional en un momento también excepcional: volver a reflexionar sobre nosotros mismos y ayudar a la pacificación de nuestras pasiones políticas mediante la convivencia cultural y lingüística. Aquel espíritu de 1953 hoy está si cabe más vivo, aunque, curiosamente, las dificultades actuales sean diferentes pero de semejante complejidad. Sí, vivimos en un país contradictorio, inconformista, amnésico, peligrosamente amnésico, y mal educado o maleducado, elijan ustedes. Y la poesía vuelve a ser no la cura sino un bálsamo, un camino de acercamiento y de concordia familiar.

Los sucesos universitarios del año 1956 barrerían aquel espíritu abierto llevándose por delante a sus protagonistas, que hoy homenajeamos recordándolos como precursores. Las mismas acusaciones que los regímenes absolutistas vertieron sobre la Ilustración y aquellos otros años de gloria, los finales del siglo XVIII, serían de nuevo recriminados por el franquismo. Si la Ilustración y la liberalidad, según la reacción, habían traído la Revolución francesa, igualmente el régimen franquista se veía en peligro y acusaba a aquellos intelectuales excesivamente tolerantes por las manifestaciones juveniles en su contra. ¡Qué desatino!

Hoy, también, nos cabe recordar al presidente del II Congreso, Azorín, y a los vicepresidentes: Tovar, Ungaretti (uno de los más grandes poetas, no sólo de Italia, del siglo XX, recordado por Ángel Crespo), Dulce María Loynaz (la futura premio Cervantes, cubana), Eduardo Carranza, Gerardo Diego, Carles Riba y Santos Torroella. Y entre los participantes, física o espiritualmente, a través de su presencia en la *Antología* que se publicó posteriormente: Bonald, Carmen Conde, Leopoldo de Luis, Morales, Otero, Panero, Valente, Valverde o Vivanco, entre otros muchos. Entre los extranjeros, además de Ungaretti, estaban Aubert, Campbell, Figueiredo, David Ley, Ponge, así como los hispanoamericanos Urtecho, Mejía Sánchez o Fernández Spencer.

Si, sesenta y cinco años después volvemos a fray Luis, volvemos a Unamuno, volvemos a Salamanca. Ellos nos dieron rienda suelta para que viéramos mundo y comprobáramos que lo que allí fuera buscábamos lo habíamos dejado aquí. Fray Luis, un compañero siempre fiel en cualquier tiempo y condición. Su moral estoico-epicúrea, un paso más allá de la moral cristiana tradicional. Fray Luis, un secularizador de la ética. Fray Luis, un desesperanzado de la esperanza. La esperanza, un vicio estoico. Pero fray Luis la convirtió en virtud, como santo Tomás. Fray Luis, perseguido y olvidado, recuperado por la Ilustración. Fray Luis, crítico de la sociedad de su tiempo, contra la Inquisición y la falta de libertad. Fray Luis y el ensueño humanista de la tolerancia, el buen hacer, el saber, el conocimiento, la valoración por los méritos y no por el linaje, el horror de las guerras y las desigualdades provocadas por el lucro de unos cuantos. Fray Luis, desconfiado ante el poder de la ciencia, ¿qué diría hoy de las nuevas tecnologías, del mundo de internet? Fray Luis, visto desde hoy mismo, un predemócrata, un pacifista, un ecologista, un antirracista. Y la culpa de tantos males: la intransigencia, el sectarismo, el fanatismo. Fray Luis de Granada como fray Luis de León, erasmistas a su manera. La interesada confusión entre erasmismo y luteranismo llevó a los primeros a la persecución. En el año 1558 se prohibieron toda clase de libros, excepto los litúrgicos, y así la universidad fue vigilada y entró en decadencia. Fray Luis, Gaspar de Grajal (también de ascendencia judía) y Martín Martínez (es de justicia también aquí de nuevo lanzar al aire sus nombres), todos fueron presos por la falta de libertad. Gaspar de Grajal falleció en prisión y fray Luis y Martín Martínez fueron, tiempo después, liberados. Y una vez hecho el mal, ¿quién repone el honor? España siempre en conflicto con su inteligencia e incluso con sus santos: contra santa Teresa, contra san Juan de la Cruz. Y luego contra Molinos. La lista sería inmensa. Todos estos sucesos han sido el símbolo de la desgraciadamente tradicional intransigencia española. Fray Luis, un gran poeta, un poeta de la gran poesía culta española, también permanentemente perseguida, poesía clásica latina en la gran tradición de Horacio o Virgilio. Una poesía de la existencia, una poesía filosófica y de pensamiento, una poesía metafísica que pone en entredicho a la ciencia porque ella sola no puede ni podrá nunca llegar a explicar todas las dudas de la vida. Fray Luis, un traductor extraordinario e insuperable. No hay más verdad que la propia poesía, que las propias preguntas que ella se hace sin conocer ni pretender respuesta alguna. El poeta pone «concierto» en las palabras, como Salinas hacía con las notas de su órgano. Mundo de armonías, divina armonía que como un gran pilar sostiene el universo. «Porque no hablo desatadamente / y sin orden, y porque pongo en las palabras concierto / y las escojo / y les doy su lugar», dicen los versos de fray Luis. Para fray Luis la poesía era la mejor forma de comunicación con el aliento divino. El irlandés Yeats, premio Nobel de Literatura, comparaba la poesía con la fe, y afirmaba que era el mayor don que se le podía ofrecer a Dios. La poesía también servía para instruir. Fray Luis la sentía como una forma de vida, «vivir quiero conmigo... libre de amor, de celo, / de odio, de esperanzas, de recelo». Vivir en la virtud, con uno mismo, en la soledad, en el apartamiento, libre de todas las pasiones cotidianas. ¿Acaso hoy mismo hay mayor mérito que esto? Una vida retirada dedicada al estudio y a la «divina poesía».

Volver a fray Luis, alumno de Francisco de Vitoria, y a su lucha por un mundo mejor. Volver a Unamuno. María Zambrano, citando a Antonio Machado, calificaba a Unamuno como «antisenequista», es decir antiestoico, porque nunca habló de resignarse ante la muerte, jamás la aceptó y, por el contrario, la quiso vencer. Unamuno había mirado a la muerte cara a cara y este desafío tan valiente lo había conducido hasta el borde del suicidio. Estoy totalmente de acuerdo con estas opiniones de dos grandes maestros, pero sigo creyendo que Unamuno, a pesar de lo dicho, fue un gran estoico empapado de cristianismo inconformista. De alguna manera fray Luis lo antecedió.

La poesía sirve también para combatir a la muerte buscando el sentido de la vida. ¿Para qué se vive? Fray Luis o Unamuno vivían para encontrar el sentido en Dios. ¿En el Dios de Spinoza o en el de Nietzsche? El ser humano moderno vive inmerso en la búsqueda inútil y desesperada de una felicidad falsificada. Aristóteles decía que el placer era el objetivo de la vida, pero como fin y ausencia de dolor. La poesía nos ayuda a evitar el dolor. La poesía lo busca y lo seduce. El sentido de la vida siempre se reduce a un método para vivir. A veces el método se deduce del objetivo: Dios, la naturaleza órfica, lo desconocido. A menudo no sabemos cómo vivimos. Al enfrentarnos a las carencias de las metas dedicamos una gran parte de nuestro método de vida a la experiencia. Nuestras vidas como una colección de experiencias. Pero seguimos sin saber cómo vivir. Cuando hoy se habla tanto de Thoreau y *Walden*, hace siglos que fray Luis tenía su «caseta» en La Flecha. Cuando hoy tantos hablan del silencio, fray Luis ya lo había hecho materia de su vida y su poesía, porque incluso en el Tormes, apacible y conformista río, hay emboscadas sirenas que nos cantan para que naufraguemos. Por eso es muy importante conservar y reconstruir estos paisajes y estos edificios que son columnas esenciales de nuestro ser poético.

El Jardín de Epicuro, la Academia de Platón, el Liceo de Aristóteles, la Universidad de fray Luis. Los alumnos, los amigos, los seguidores, y los inevitables enemigos-compañeros. La envidia que aún perdura y corroe las aulas en nuestros días. ¿Por qué tanta maldad gratuita en medio de tanta sabiduría? Fray Luis, como los epicúreos-estoicos, nunca deseó nada que no pudiera controlar: ni honores, ni acontecimientos, ni pensamientos, ni deseos, ni comportamientos. La *apatheia*, liberarse de las pasiones y los sentimientos confusos.

Los poetas hoy no hablan, tampoco se callan: es otra cosa. El poeta se ha retirado del lenguaje instrumento, ha optado definitivamente por esa actitud poética que consideraba a las palabras como cosas y no como signos. Porque la ambigüedad del signo supone que se pueda atravesarlo a voluntad como si fuera un cristal, que se pueda perseguir más allá a la cosa significada, que se pueda volver la vista hacia su realidad y considerarla como un puro objeto. El ser humano que habla está más allá de las palabras, cerca del objeto; el poeta está más acá. Para el primero, las palabras están domesticadas; para el segundo, continúan en estado salvaje. Para aquél son convenciones útiles, instrumentos que se gastan poco a poco y de los que uno se desprende cuando ya no sirven; para el segundo, son cosas naturales que crecen naturalmente sobre la tierra, como la hierba y los árboles. Para el poeta, el lenguaje es una estructura del mundo exterior.

De entre las muchas definiciones sobre los poetas me gusta aquella de los griegos clásicos referida a que eran sabios de melancolías. La poesía es una enfermedad del alma porque se debate entre el imposible. Los poemas son un intento de enfrentarse a la realidad, un intento de ganar realidad. Hacer visible la realidad. En el poema tiene lugar algo real. La patria del poeta es su poema, y esta patria cambia de un poema a otro. Un poema es una estrella fugaz en el cielo de la noche. Entre el yo y el tú está el poema. El poema es una afirmación y negación de sí mismo. El poema crece en las muchas lecturas. El confidente del poema es el autor. El poema lo utiliza, lo expulsa para ser él solo en sí mismo. Paul Celan, mártir de la poesía y del tiempo que le tocó vivir, en *Microlitos* decía que el tiempo del poema es universal y en cada primera palabra del poema se reúne todo el lenguaje. El poema es también un malentendido. Los poetas son los últimos preservadores de la soledad y, sobre todo, el silencio. Julio Camba, el gran periodista y escritor gallego de la primera mitad del siglo XX, dijo en su día que habría que embotellar y vender el silencio, pues acabará siendo un lujo. En el futuro, las bibliotecas, las iglesias serán casas de salud; es decir, casas de silencio. El acto de creación es un acto de resistencia. Deleuze y el italiano Giorgio Agamben dicen que es un acto de resistencia contra la muerte. Foucault añade que, en realidad, lo es en contra del control de la sociedad.

Si la tragedia real era el retrato –en verso o en prosa– de los sufrimientos de los seres humanos que habían dedicado su admiración a las cosas externas, vivimos en un tiempo trágico. El filósofo alemán Georg Simmel ya había advertido de la tragedia de una sociedad que se vuelve contra el espíritu y la cultura. Sabemos que lo único que nadie nos puede dar o devolver es la juventud, los afectos, los ausentes. El arte y la literatura, la cultura en general, nos ayudan a recobrarlos a través del único camino posible: el desvío. El desvío de la imaginación. ¿Qué le sucede a un país que no piensa? ¿Qué le sucede a un país que en vez de educar a sus ciudadanos los arrastra a la ignorancia? Victor Hugo, ante la Asamblea Constituyente de 1848, en París, exclamó que la ignorancia era peor que la miseria. Nuestro gran Baltasar Gracián ya había dicho mucho antes que el mal gusto habitualmente nace de la ignorancia.

Mi querido fray Luis, mis queridos compañeros poetas. Si el próximo Congreso se celebra dentro de otros sesenta años, o incluso antes, probablemente los únicos huesos de seres humanos que estén aquí presentes sean los tuyos, querido fray Luis. Quienes nos sustituyan a nosotros quizás ya sean todos poetas transhumanos o robots que se sabrán de memoria tus poemas y los combinarán con millones de otros versos. Quizás ya hasta los mismos libros electrónicos sean entonces una antigualla. Jeff Bezos, uno de estos nuevos aprendices de brujo cuyo deseo oculto parece ser asaltar y destruir la civilización occidental, declaró que ninguna tecnología, ni siquiera una tan elegante como el libro, dura siempre. Google digitalizó, o está en proceso de hacerlo, todos los libros existentes, y considera la propiedad intelectual un incordio insignificante para su poderío. En Google reconocieron que no estaban escaneando los libros para que los leyera la gente sino para que lo hiciera una inteligencia artificial. Amazon y Netflix emplean algoritmos para hacer recomendaciones sobre libros y películas. Pero no sólo lo hacen investigando ilegalmente nuestros gustos sino también manipulándolos. Desde el siglo XVIII el genio, la originalidad, la innovación intelectual y el individuo fueron fundamentales para el desarrollo de la humanidad. Silicon Valley odia la individualidad (lo mismo que los sistemas totalitarios de derechas e izquierdas), y a ella antepone a grupos y masas que trabajan supuestamente en armonía y generan mejores ideas que los individuos aislados. Para Silicon Valley la originalidad es un ideal sobrevalorado y pernicioso. El genio es antidemocrático: expresa una capacidad sobrehumana y un monopolio del saber. Por este motivo ha atacado permanentemente a los escritores profesionales, debilitando la Ley de Propiedad Intelectual y desarrollando un plan estratégico que reduce radicalmente el valor del conocimiento, con lo cual la escritura se convierte en una mercancía desechable y barata. Los defensores de Amazon suelen mirar con desprecio a la casta de escritores: un club hermético –según ellos– que rechaza a quienes no forman parte de la «banda». Pero el periodismo, los libros y todo cuanto rodea a la cultura mantienen un fetichismo difícil de destruir. El populismo de estas empresas tecnológicas se apoya en la defensa de la piratería, de la copia libre sin derechos, de la mezcla de toda la información sin dueño, en el caos y el desorden legislativo. Larry Lessig, un telepredicador de las nuevas tecnologías publicitado insistentemente por Microsoft, una especie de profeta anunciador del nuevo mesías tecnológico, dijo que el siglo XX se había enfrentado al capitalismo y al comunismo, mientras que en el XXI la confrontación sería entre el control del individuo y su libertad. La Constitución estadounidense, desde su origen, fue de las primeras leyes internacionales en reconocer los derechos de autor que ahora se intentan ignorar en Estados Unidos y en todo el mundo, utilizando todo tipo de subterfugios. Pero también estas empresas van contra la escritura y la creación como idea romántica individual, contra el profesional y por tanto contra las «élites», como dicen con desprecio. Pero, en cambio, están a favor de cualquier aficionado que se salte las reglas como ellos. Así, Wikipedia se enfrenta a la Enciclopedia Británica después de saquearla, o los blogueros en cualquier Feria del Libro o certamen cultural se aúpan por encima de los escritores. El libro ha sido el talón de Aquiles. El control y la elección de la información, este diluvio de noticias, pasa por el control y la selección.

¿Se puede huir de la sombra de estas multinacionales del «todo gratis»? Sí. ¿Y cómo? Haciéndoles frente, en primer lugar, a través de la legalidad y, luego, utilizando la propia política. Frente a los nuevos-viejos totalitarismos hay que inventarse nuevas estrategias de resistencia.

El poeta viene hablando a través de los siglos. Y a veces ha sido perseguido o asesinado por decir la verdad, aunque la verdad no es esencial en la poesía. Excepto que ésa sea la única manera de expresar lo prohibido. Las dictaduras, los estados totalitarios, siempre han mostrado su látigo contra la poesía porque, se diga lo que se diga, se expresa en libertad. Eliot escribe que el poeta se ocupa de las fronteras de la conciencia, más allá de las cuales las palabras fracasan «aunque los significados sigan existiendo». La poesía sigue siendo un intento de comunicar, también lo incomunicable. El poema demasiado claro, demasiado explícito, nos parece incomprensible. El reino de la evidencia toca a su fin: ¿qué verdad clara vale la pena de ser enunciada? Lo que puede ser fácilmente comunicado no merece que nadie se detenga en ello. El papel del poeta, o uno de sus papeles, sigue siendo que la gente comprenda lo incomprensible. Es el lenguaje el que dispone del ser humano, garantizándole la existencia del mundo y al mismo tiempo su propia existencia en el mundo.

Volvemos a fray Luis, volvemos a Unamuno, volvemos a Salamanca. ¿Valió la pena nuestro viaje por el mundo? Creo que sí. Valió para volver. Ahora ya somos contemporáneos de todos los estilos y todos los géneros, ahora ya somos contemporáneos de nosotros mismos, ahora ya somos contemporáneos de fray Luis, de Unamuno, de todas las Salamancas. El lenguaje poético es aquel que es capaz de generar mundo. Un verso, un poema, crea un mundo. ¿En el futuro alguien podrá destruir todo esto? ¿Vaciarán nuestras conciencias para, supuestamente, hacernos inmortales? ¿Derrotarán a la muerte y el amor será una vieja reliquia? ¿Llenarán estas estancias de robots más sabios que los actuales alumnos y profesores? ¿Esculpirán sobre el pórtico de la catedral, junto al astronauta al robot? ¿Ya no habrá comercios abiertos en las calles de Salamanca y sólo volarán los drones? ¿Habremos sucumbido a la ciencia, o mejor a la tecnología, desmintiendo así los juicios de nuestro fraile agustino que no creía que solamente una investigación científica pudiera responder a los interrogantes más profundos de la naturaleza humana, pues esos saberes sólo se podrían alcanzar cuando el alma vuelva al origen? Al abolirse la muerte, y la posibilidad de la resurrección: ni Dios ni alma tendrán sentido ya. Y la esperanza, ¿aún quedará, y de qué? Fray Luis, a través de Catulo, nos ofrece una última: siempre habrá, a pesar de todo, «amor y besos sin cuento».

9
Las guerras civiles nunca tienen fin

LAS GUERRAS CIVILES o intestinas son las más destructivas, viles, inhumanas y mezquinas, «lleva a los hijos a amenazar a los padres, / a romper amistades, a pelear entre hermanos, / la que castiga a los honrados y favorece a los ladrones. / La experimentó Roma, la probó Germania / y la que tantas veces devastó esta noble tierra», dice una canción inglesa. T. S. Eliot se preguntaba si había habido alguna guerra civil que se hubiera dado por finalizada alguna vez. Los españoles de hoy podríamos ofrecerle algunas respuestas. El general De Gaulle afirmó que en una guerra civil la paz no renace cuando el conflicto finaliza. Yo añadiría que no acaba espiritualmente aunque en parte sí materialmente. Pero la parte espiritual es muy grande: son los sentimientos, las emociones, las ilusiones, las esperanzas, el dolor, el odio... Las guerras civiles traen consigo ingentes costes humanos irreparables y económicos. Caín contra Abel, Eteocles contra Polinices, Rómulo contra Remo. La historia literaria y la propia historia está repleta de conflictos de este tipo. Una guerra civil, en principio, y a lo largo de los siglos irá matizándose su definición, se lleva a cabo entre conciudadanos porque se libra en el marco de una unidad política común, no entre extranjeros. Lleva una gran carga del pasado y sólo admite un análisis en términos discutibles *ad infinitum*. Tito Labieno decía que, una vez acontecida, lo mejor era «Optima civilis belli defensio oblivio est». Es decir, el olvido es la mejor manera de defenderse contra los efectos posteriores de la misma. Evitar los recuerdos dolorosos y adquirir una especie de amnesia voluntaria. Olvidar en su totalidad, empresa casi imposible, o al menos olvidar en parte.

Bellum civile, guerra de ciudadanos o entre conciudadanos en el interior de las propias ciudades (antigua Grecia) o la propia Roma.

En latín *hostis* era el enemigo extraño a Roma, mientras *civis* era el conciudadano. La guerra civil se la inventó Roma en su teoría inicial, aunque siempre las hubo. Cicerón fue el primero en emplear la expresión «guerra civil». Era el año 64 antes de Cristo, en el Foro de Roma donde veintitrés años después serían colgadas sus manos. El senador y filósofo le había ofrecido a Pompeyo el mando contra Mitrídates. Pompeyo, que luego caería ante César, había sido el vencedor de las guerras civiles de los años ochenta antes de Cristo. Para Cicerón, si se derrotaba a los enemigos externos y a la vez a los intrigantes interiores, eso se podría calificar como una guerra civil. *Pestifera bella civilia*, pestíferas guerras civiles.

El autor de *Sobre los deberes,* mencionando a Sócrates en la *República* de Platón, insiste en la necesidad del bien común y lo aplica a Roma para evitar facciones contrapuestas. Valerio Máximo cuenta que después de una guerra civil no se otorgaba el título de *imperator,* ni se decretaba agradecimiento, ni se le rendía homenaje, pues a pesar de que esas guerras fueran necesarias también eran terriblemente dolorosas. Sin embargo hubo excepciones en el caso de Pompeyo y César. Recibieron homenajes por sus triunfos contra sus propios conciudadanos romanos de fuera de la geografía italiana. Y lo mismo se repitió con Octavio después de su victoria en la batalla naval de Accio, en el 31 antes de Cristo. Guerras de griegos contra persas y de griegos contra griegos, guerras púnicas de romanos contra cartagineses y de romanos contra romanos. Guerras sociales o serviles: Catilina, Espartaco, revueltas de esclavos. Los griegos resaltaban la paz y la armonía de las ciudades frente a la división, el mayor mal. *Stasis,* división, partidismo, una grave enfermedad de los ciudadanos. Platón en la *República* escribió que el mayor mal para la polis es aquello que la distrae y hace de ella muchos en lugar de uno.

La marcha de Sila sobre Roma, en el 88 antes de Cristo, para combatir a Publio Sulpicio Rufo y a Cayo Mario por querer ambos extender el derecho de voto, acabó mal. Sila fue nombrado dictador. Craso y Pompeyo se unieron contra él. En *La guerra civil,* Julio César narra su lucha contra

Pompeyo y evita utilizar mucho esta expresión, tan sólo dos veces. Tras la muerte de César, su asesinato, la guerra civil continúa cruenta y prolongadamente. Un antecedente es el de Coriolano, también personaje de Shakespeare, pero éste, para ir contra Roma, se alió con los enemigos exteriores. «... las armas tintas en no expiada sangre», escribe Horacio en las *Odas* (2.1). Lo peor de una guerra civil, mantener viva la llama de la memoria y caminar sobre fuego. Durante la época de Nerón, Lucano escribió *La guerra civil* (60-65, a. de C.). Se refería a las luchas entre Pompeyo y César. En la *Farsalia*, también de Lucano, el autor rememora que cada vez que alguien recuerda un pasaje de una guerra civil se la vuelve a sufrir toda entera. Petronio y Lucano, contemporáneos, acabaron suicidándose. Una guerra civil, a la vista de lo aquí comentado, es un error irreparable cuyo arrepentimiento es casi inútil.

Desde antiguo han sido muchos los autores que se han ocupado de este asunto. Apiano en *Las guerras civiles* (145-165), Tácito en su *Historia*, san Agustín en *La ciudad de Dios*, en la que se han abolido las guerras entre sus ciudadanos y así se evitan las heridas incurables, los herederos vengativos, las divisiones del país y su desmembramiento.

A lo largo de los siglos nunca hubo una comunidad inmune. Además de las guerras civiles clásicas ya citadas, hubo otras no menos terribles y profundas como las inglesas y la norteamericana

(Lincoln luchó por la unidad de la nación, la inviolabilidad de la Constitución y la ilegitimidad de la secesión unilateral), la Revolución francesa también es considerada por algunos historiadores como civil, y el caso de la misma Revolución rusa, y la Guerra Civil española del siglo XX, culmen de todas las anteriores que hubo a lo largo de los siglos, por ejemplo entre españoles en la conquista de América. Los franceses se enfrentaron sobre todo por cuestiones religiosas. Montaigne dijo que sufrir una guerra civil era estar en vilo en propia casa.

Las guerras civiles siempre han sido fuente de creación histórica. La lista de autores (Shakespeare, Ben Johnson...) sería muy larga, y ya no digamos en el cine. Samuel Daniel (1562-1619) en *La guerra de las Dos Rosas* hace este comentario: «... mientras todos aspiran al derecho, todos el derecho destruyen».

Tácito, Plutarco, Apiano, Floro y tantos otros historiadores de todas las épocas coinciden en que en las pequeñas disputas y discordias internas se ensayan las guerras civiles. No surgen inesperadamente sino que se preparan durante tiempo. En la etapa republicana se decía que las guerras civiles estaban en la propia raíz de Roma; en la etapa imperial se achacaron a una enfermedad del cuerpo político que se curaría con la restauración de la monarquía o el emperador; y, finalmente, durante el cristianismo se legisló como el gran pecado de una ciudad o comunidad.

Hugo Grocio, en el siglo XVII, clasificó las guerras en públicas y privadas. Las primeras sí eran financiadas por el Estado; las segundas no lo eran. Él insiste en guerras justas e injustas. Podría ser civil cuando se libraba contra una parte del mismo estado, y externa contra otros estados. Grocio es el autor del libro *Sobre el derecho de guerra y de paz* (1625). El español del siglo XVI Vázquez de Menchaca no creía que fuera legítimo cobrar un precio en las guerras civiles. E insistía en que había que evitar las guerras entre cristianos. Fue por esto criticado en el sentido de que no todos los cristianos pertenecían al mismo estado. Grocio, basándose en Plutarco y Cicerón, afirmó que una guerra civil era peor que un gobierno ilegítimo y que cualquier paz es mejor que una guerra civil. Rousseau lo acusó de reaccionario. Hobbes pedía a los gobiernos que la evitaran, había que asegurar la paz. Estos conflictos se producían por falta de comprensión y diálogo y por falta también de educación moral. En el *Leviatán* escribe que «mientras los hombres viven sin ser controlados por un poder común que los mantenga atemorizados, están en esa condición llamada guerra». Para Locke, la guerra civil implicaba el abandono de la propia civilidad.

¿Guerra civil semejante a una revolución? Estoy de acuerdo con Hannah Arendt en que sí, aunque la revolución sea un fenómeno de la era moderna. Durante el siglo XVIII las guerras se clasificaron en Sucesionistas (monarquía), Supersecionistas (lucha por la autoridad en un mismo territorio) y Secesionistas (independentistas, algo nuevo a finales del siglo XVIII). Todo esto lo estudia Vattel en *El derecho de gentes*: gobiernos injustos, sedición, insurrección. Vattel está contra las guerras civiles y la división de naciones.

Kant habló de la larga paz y la paz duradera o la paz perpetua. Desde el final de las guerras napoleónicas hasta la guerra de Crimea (1815-1853) hubo cierta paz en Europa. Lo mismo que desde la guerra franco-prusiana hasta la Primera Guerra Mundial (1871-1914). Luego el siglo XX fue terrible, como sabemos. Desde la Segunda Guerra Mundial hasta ahora también ha sido una época de bonanza para nuestro continente, sin olvidarnos de la antigua Yugoslavia. Clausewitz en *De la guerra* no habla de las guerras civiles porque quizás, como escribió Voltaire y luego Victor Hugo, todas las guerras son guerras civiles. Y esto me lo repetía muchas veces Salvador de Madariaga.

David Armitage, un gran estudioso de estos temas y cuyo ensayo sobre este asunto (*Las guerras civiles. Una historia en ideas*) es sumamente recomendable, se refiere a la legislación internacional que proviene de La Haya o de Ginebra. Aquí y ahora sí que hay que recordar con apremio nuestros conflictos catastróficos antes de que, de nuevo, vuelvan a repetirse.

10
Aguantar y seguir

En la *Odisea*, en la corte de los feacios, el héroe narra cómo él y sus compañeros habían divisado los fuegos de pastor en la costa de Ítaca. Comenzaban a celebrar el prolongado y retrasado regreso cuando un terrible temporal los arrastró nuevamente a la isla de Eolo, de la cual hacía poco tiempo habían partido. La culpa de este inesperado contratiempo no la tuvieron los dioses ni la naturaleza, sino los propios compañeros de Odiseo. Estaban convencidos de que su rey los había engañado escondiendo ingentes tesoros en las sentinas de la nave. Mientras el gran estratega griego se entregaba al sueño sobre el timón, la tripulación abrió el pellejo cerrado que el dios del viento había dado al héroe y se produjo el citado temporal. Ulises, desilusionado y tremendamente molesto, con toda la razón, pensó entonces si debería saltar del barco y desaparecer en el mar o seguir con vida, aguantando callado todo lo sucedido. Homero nos dice que, finalmente, eligió aguantar y seguir.

Aguantar, ser paciente, sobreponerse a la desesperanza, no perder el juicio, ser astutamente perseverante. ¿Pero todo esto le será suficiente al presidente del Gobierno de España llevando la tripulación que lleva? Aguantar y seguir. ¿Estamos en manos de Odiseo? El personaje del poema épico era *polytropos*: el muy viajado, el versátil, el hábil, el astuto, el probado en desvíos, el que soporta los contratiempos, el héroe del movimiento retardado hacia la meta, el hombre al que se le estira en el potro del tormento de la memoria. Y también era *polymetis*: rico en consejos, fuerte en ardides, el que jamás se desconcierta, el luchador. Y Homero añade otros adjetivos calificativos como *polytlas*: el que soporta muchas cargas; *polypenthes*: el que sobrelleva muchas preocupaciones; *polytlemon*: el que sobrelleva muchas penas; *polymechanos*: que sabe burlar a la naturaleza. En el poema homérico, el héroe constituye la sustancia cuyos atributos son las penas. Hablando de nuestros días, el presidente no es más heroico que cualquiera de sus conciudadanos, quienes, con menores medios y muchos más riesgos, tienen que soportar las perpetuas inclemencias de este país inclemente. En el fondo, nuestra nación es tremendamente estoica. Ocupa un lugar en el mundo, en apariencia envidiable, donde los seres humanos están expuestos a cargas. A grandes ejercicios diarios de cargas suplementarias, que en otros lugares no existen. Nada más despertarse y abrir los ojos, cualquier español pierde, para empezar, el treinta por ciento del día simplemente por el hecho de hacerse, entre otras muchas, las siguientes preguntas: ¿En qué país estoy? ¿Qué identidad lo conforma?

¿A qué comunidad pertenezco? ¿Existe todavía el *procés* y los nacionalismos variopintos? ¿Realmente Franco ha resucitado y no nos hemos enterado? ¿Hay presos políticos según dice el ridículo supremacista del actual presidente de la Generalitat? ¿Soy yo el colaborador de una dictadura? ¿Cuántos insultos compartiremos hoy los españoles en la maravillosa lengua de Pla o de Espriu? ¿Aún no se han enterrado a los muertos como manda la ley natural? ¿Existe Europa? ¿Nos estará acechando el inspector de Hacienda por cobrar la pensión y seguir publicando? ¿Coincidiremos en un bar tomando una cerveza con el asesino etarra de cuarenta personas? ¿Quizás los robots nos dejen en paro, pero ya libres de nuestras inquietudes?

Peter Sloterdijk, en su magnífico libro *¿Qué sucedió en el siglo XX?*, escribe que los europeos –aquellos que no sienten vergüenza en afirmar que lo son– estamos a punto de convertirnos en un pueblo de *lotófagos*: los comedores del loto que borraba todos los recuerdos (de nuevo la *Odisea*), dispuestos a desprendernos de nuestras propias tradiciones. El filósofo alemán añade que hay que volver a explicar a los europeos quiénes somos y de dónde venimos. Y a todas las preguntas anteriormente enunciadas hay que añadirles las propias del lugar donde se habita. Por ejemplo, quienes vivimos en Madrid, saber si nuestra ciudad, en los próximos meses, volverá a ocupar un lugar preferente entre las capitales mundiales recuperando la limpieza, la cultura, la dignidad, la convivencia y la gestión dilapidada en estos últimos años. Así, los españoles ¿no son tan o más heroicos que su propio presidente? ¡Odiseo somos todos! ¿Un buen gobierno? Seguro que sí por su profesionalidad, pero tremendamente complejo por el lastre. Diógenes Laercio advirtió que desear lo imposible era una enfermedad del alma. Desear, decía él. Pero ¿llevarlo a cabo? Odiseo es también el arte de atarse uno mismo al mástil, no para evitar los gritos irresistibles de las sirenas, sino el mayor lamento que es el silencio del vacío total. ¿Se puede cargar con Calipso, los lotófagos, Polifemo, los lestrigones, Circe, los feacios, además de los propios, todos en la misma nave? ¿Quién abrirá el pellejo de Eolo y hará estrellar la embarcación? ¿Será suficiente que nuestra Nausícaa casera repita permanentemente: «extranjero, no me pareces malvado y no me pareces necio»? Un barco de Babel es este que patronea nuestro Odiseo particular. Incluso si llegase a puerto, como así sucede en el poema: «tampoco allí, ya entre los propios / seres queridos, se vio aún libre de miserias». En Ítaca, en su propio palacio, aguardan los populistas su turno final. Así es comprensible lo que escribió Platón en el libro décimo de la *República* referente al final, en el más allá, de Odiseo: «Buscó una vida tranquila y anónima».

Todos los ciudadanos españoles, ya desde hace años, son cada uno a su manera Odiseo. Veinte años tardó el griego en arreglar su historia –y no nos olvidemos que de manera violenta–. ¿Cuánto nos llevará a nosotros de manera pacífica? La península Ibérica, al menos el trozo que a nosotros nos toca, es esa balsa de piedra que ojalá navegue con rumbo. En los próximos meses, si no años, no nos jugamos que gobierne un partido u otro, sino que nos estamos jugando la propia sobrevivencia de nuestro país. Que nadie se engañe, la separación de Cataluña sería el inicio de la desintegración irreversible de España, y también de Europa, como desean muchos. Varios estados más surgirían con distintas ideologías y dependencias no precisamente pro-europeas. ¿Esto sería soportable? Por eso nos enfrentamos a la cuestión de Estado más importante de la democracia, y los partidos deberían dejar de lado sus rencillas y ponerse de acuerdo. Porque de no ser así, ¿existirían ellos en esas nuevas naciones? Los partidos constitucionalistas tienen que poner orden, autoridad, respeto y convivencia. La separación, caso de que se pudiera producir pacíficamente, estableciendo un nuevo estado de pureza étnica, nunca traería la paz, pues los conflictos de fronteras (siempre se habla de los países catalanes del sur y del norte) surgirían a continuación como sucedió hace muy poco tiempo en la antigua Yugoslavia.

En una guerra «en seco» (sin sangre aún, afortunadamente) estamos ya desde hace tiempo. Y el lenguaje bélico se va acentuando con «el ataque al Estado español» del presidente en los últimos días, y con los preocupantes encontronazos cívicos de este mes de septiembre conmemorativo.

Quien no ponga racionalidad, quien no ponga freno al insulto, al odio y la xenofobia entre españoles y europeos, está condenado al fracaso y a la *amechania*, que es a lo que el héroe homérico pudo verse abocado: pérdida de los ardides, la astucia, las ocurrencias y artes que encuentren salida a una situación cualquiera y, finalmente, la apatía, la resignación y la infelicidad.

Todos debemos defender el patriotismo constitucional. En Europa somos compatriotas de unos países que, tras la Segunda Guerra Mundial, dieron a luz democracias estables y una cultura política liberal que pacificó los ánimos bélicos y desarrolló un Estado del bienestar jamás alcanzado antes. Patriotismo constitucional. En España somos compatriotas en un país que, tras una guerra civil, el exilio de una parte importante de su población y la dictadura de cuarenta años, logró con la democracia vivir en paz y desarrollo, llevando a cabo aquellas esperanzas de libertad por las que muchos de nuestros familiares murieron. Lo de «patriotismo constitucional» lo ha resaltado el propio Jürgen Habermas, uno de los más grandes filósofos europeos del siglo XX y del pospensamiento marxista. Y si todos, no sólo Odiseo, en este caso, hemos decidido aguantar y seguir, deseamos tener suerte en las difíciles decisiones por el bien común no sólo de los partidos. Willy Brandt, ya en los años setenta del pasado siglo, avisó que Occidente y sus democracias estarían nuevamente en peligro por Rusia y su autoritarismo militar. Pero también porque la salud de la democracia siempre es frágil. Estamos en el *tempo rubato*, esa peculiaridad interpretativa de la música de Chopin que consiste en llevarla a cabo de una manera sutil pero con inquietud rítmica.

11
El fin de los moderados

CUENTA EL QUE FUERA profesor de Filosofía en la Universidad de Turín y senador vitalicio de la República Italiana, Norberto Bobbio, que en una revista de extrema derecha denominada *Elementi,* el ultraderechista y fundador de la Nuova Destra, siguiendo las tesis del francés Alain de Benoist, Stenio Solinas, había escrito con rotundidad lo siguiente: «Nuestro drama actual se llama *moderación*. Nuestro principal enemigo son los moderados. El moderado es por naturaleza democrático». Y el propio Bobbio, refiriéndose a un editorial de otra cabecera de sentido absolutamente contrario, *Il Manifesto* («el periódico-ficción más izquierdista del Partido Comunista italiano», como lo definían sus críticos), subrayaba estos párrafos que coincidían perfectamente con los antes apuntados: «El extremismo es más sabio y menos peligroso que el centralismo biempensante. El extremismo es la sabiduría del momento presente».

¿Hasta cuándo podrán seguir moderándose los partidos constitucionalistas a medida que el movimiento en la calle se vaya haciendo cada vez más permanente, resistente e insurgente? Los extremismos, entre ellos el nacionalismo identitario, tienen en común la antidemocracia. Es decir: un odio compartido al orden establecido libremente, basado en las leyes. En el *Critón* de Platón se remarca que no se pueden cambiar las reglas cuando no nos son favorables. Lo que hoy son la Asamblea Nacional de Cataluña, Òmnium Cultural o los cada vez más influyentes Comités de Defensa de la República, fueron antes las Escuadras de Acción, precursoras, a modo de asociaciones delincuentes, del fascismo. El fascismo no nació, como vulgarmente se cree, en Italia, sino en Francia a finales del siglo XIX. Fue una reacción contra las Comunas. Zeev Sternhell, en un libro de ya hace tiempo, *Ni derecha ni izquierda,* se refiere a una confluencia del socialismo de izquierdas con el nacionalismo de derechas. Habla de confluencia pero, también, utiliza la palabra «síntesis». Ambos movimientos coincidían en tomar como chivos expiatorios de todos los males a la democracia liberal. Es decir, a la derecha moderna y moderada, y a la socialdemocracia, la izquierda más suave y progresista.

Las denominaciones de derecha e izquierda fueron utilizadas por primera vez durante la Revolución francesa. No existe una única izquierda y, por otro lado, también hay varias derechas. Las ideas políticas no son un continente, ni siquiera una península, sino un archipiélago. Pero los límites a uno y otro lado están claros partiendo del cumplimiento de las leyes. ¿Las cumplen los nacionalistas? O lo que es peor, ¿las han prometido y no las cumplen? Y si no lo han hecho, en uno u otro caso, ¿cómo el Estado de derecho puede permitirlo? De esta manera, quienes deberían hacerlas cumplir están colaborando con aquellos que proclaman su identidad distinta al resto de los españoles. Porque si unos cumplimos con las leyes y otros no, realmente sí que unos son distintos y privilegiados sobre los otros iguales. Ya se pasó el tiempo de ese lenguaje político que en Italia se denomina *politichese*. La ambigüedad permanente, la ambigüedad como lenguaje, ya no el lenguaje de la ambigüedad. Pero, en realidad, en el país donde estamos viviendo en compañía de estas gentes prehistóricas es el reino del Gran Hermano llevado a su infinito. Las palabras tienen el significado opuesto al común. El fin de este desastre al que nos están abocando, paso a paso, y día a día sin cesar, es el de engañar tanto a sus supuestos destinatarios como al resto de sus conciudadanos españoles y europeos, quienes, involuntariamente, pero cada vez con mayor vértigo, se ven implicados en este triste y doloroso conflicto creado por unos pocos. Cuando vino la catástrofe de la Guerra Civil (una más entre otras muchas), María Zambrano escribió que el intelectual cesó de serlo para ser hombre. ¡Ay de aquellos que callan porque serán cómplices!

El nacionalismo es un proyecto de las élites políticas y económicas excluyentes. Se trata de engañar a los destinatarios del mensaje y, por tanto, imposibilitar la comprensión de lo que está ocurriendo realmente, a la vez que se interfiere en la comunicación recíproca entre los súbditos. El nacionalismo aparta al ciudadano y lo retrotrae a su anterior escala, a la de súbdito en el nuevo régimen absolutista que tratan de imponer.

El nacionalismo utiliza las mismas artimañas que los populismos, de uno u otro signo, que buscan la ruptura radical con el *statu quo*. Por eso otorga el papel de tontos útiles a los antisistema de toda calaña. El fervor nacionalista, y esto no es de ahora, sino que proviene de los dos siglos anteriores, pródigos y fecundos en estos males, destruyó la convivencia multirracial, lingüística y cultural y dio un paso atrás en el proceso civilizatorio. ¿No son estos principios los que debería defender cualquier gobierno de izquierdas y no ser cómplice de sus propios enemigos irredentos? El nacionalismo destruye la posibilidad de que un conjunto diverso de ciudadanos convivan como iguales. Es curioso cómo en dos grandes imperios como son el austrohúngaro y el otomano se respetaron, con sus más y sus menos, credos, lenguas, razas y culturas hasta que la Primera Guerra Mundial se lo llevó todo por delante, siendo rematado por la Segunda. El nacionalismo cultural, étnico, territorial y monolingüístico creó a «ciudadanos» excluyentes, aquellos que cumplían estrictamente con las normas impuestas frente a otros arrojados a los campos de concentración. A la monarquía imperial le era fácil conceder la ciudadanía, pero las repúblicas nacientes temían la influencia que estos votos pudieran tener en sus fines. El nacionalismo tiene instintos excluyentes, es una de sus razones de ser. Su intención, como en el totalitarismo, es llevar a cabo la homogeneización y extender la represión contra quienes se opongan. La limpieza étnica trajo la democracia porque ya no quedaba nadie. El nacionalismo había incluso asesinado a los propios.

Frente a esta brutalidad, el futuro supranacional europeo, ya experimentado con tantos beneficios durante las últimas décadas, peligra. El resurgimiento del nacionalismo se debe a la crisis económica y la corrupción de ellos mismos. Emerson, el gran filósofo norteamericano amigo y vecino de Thoreau, en la anotación que hace en su diario del 21 de diciembre de 1822, escribe: «Aunque ya no queden bárbaros para invadir Europa y extender para siempre la memoria de su grandeza, sin embargo sus estados en descomposición, tal España, están amenazados de decadencia por la corrupción y las faltas inveteradas de su gobierno». ¡Triste fama! El miedo a la globalización, a perder, supuestamente, sus raíces, la inmigración y la xenofobia, el ataque frontal contra la democracia y sus instituciones representativas, la fe en el autoritarismo, la violencia de nuevo industrializada, el impulso del patrioterismo y la proclamación de una cultura única y pura es lo que poco a poco se va abriendo paso. El nacionalismo asume el monopolio moral de la representación (todos aquellos que se oponen a sus líderes caudillistas son antipatriotas, traidores, enemigos) y copa los medios de comunicación. El nacionalismo entra en la privacidad de las vidas y se inmiscuye en la individualidad más sagrada. Lo queramos o no, el nacionalismo sigue siendo la ideología más malévola jamás inventada (y eso que hay otras muchas). Fue una desgraciada invención romántica. Contra ello la educación sigue siendo el único antídoto. La educación verdadera y no inventada. La educación de la paz y la convivencia y no de las mentiras y el odio.

Las democracias no deben ni pueden volver a naufragar. Y si tienen que tomar posiciones menos benévolas en defensa de la razón, pues tendrán que volver a hacerlo. El principal problema de la democracia son sus propios gestores, acomplejados por no se sabe qué mala conciencia. Michael Ignatieff habla de adversarios en la política a quienes hay que derrotar magnánimamente; pero no de enemigos a los que hay que destruir. Me refiero a los partidos políticos constitucionales legalmente constituidos. Yo, en nuestro caso, hablaría de aliados para colaborar, al menos temporalmente, para llevar a cabo el fin esencial. Hoy los partidos constitucionalistas no deben ser ni enemigos ni adversarios entre ellos mismos, sino aliados contra esta gran peste que de nuevo amenaza a nuestro viejo continente.

El llorado gran director de cine francés, Éric Rohmer, ironizó magistralmente sobre los conflictos inventados entre la derecha y la izquierda democráticas en su película *El árbol, el alcalde y la mediateca* (1993). Conflictos y confusiones de la derecha con la izquierda o viceversa que distraen de los verdaderos problemas que atañen a los ciudadanos. El alcalde defiende las razones de la mediateca (el progreso), mientras las razones del imponente árbol centenario (la conservación de la naturaleza) son defendidas por el maestro. Entre las dos posturas, ¿cuál es la de derechas y cuál la de izquierdas? Éric Rohmer comentó en una entrevista que los programas de unos y de otros se asemejaban o, al menos, no eran lo suficientemente antagónicos como para llamar la atención. Para el cineasta no eran esenciales las rencillas de la vida cotidiana, sino que lo más urgente era salvar la vida sobre el planeta y evitar los conflictos entre las personas. Hoy estamos en ese punto. Renunciar a las rencillas y salvar lo mucho y bueno que hemos construido. A lo mejor en el Congreso de los Diputados, de vez en cuando, debería haber un cinefórum.

12
El cadáver de la educación

ME HE SENTIDO IMPASIBLE ante el anuncio de una nueva ley de educación. Ningún gobierno español que se precie es tal hasta que anuncia esta panacea que, casi nunca, llega a ponerse en práctica porque, también según la costumbre, cuando se va a llevar a cabo cae el gobierno y se convocan nuevas elecciones que, por lo general, ganan otros. ¿Cuántas leyes de educación llevamos ya en la democracia? Me da vergüenza citar su número. No habrá una verdadera educación en este país mientras una ley de educación no alcance el consenso necesario para poder desarrollarla sin amenazas a lo largo del tiempo. Gabilondo, con gran audacia, estuvo a punto. Pero la fe falló. Lo cierto es que, a estas alturas, la educación básica y la universitaria están tan vapuleadas que otra nueva paliza ya no la sentirá el cadáver. Creíamos los españoles, con mucha certeza, que nuestros males los creábamos nosotros mismos, pero con el Plan Bolonia nuestra querida Comunidad Europea nos demostró con creces que podía incluso hacernos la competencia. Dicho plan ha destruido lo poco de bueno que aún quedaba en la universidad: el profesor vilipendiado, desarmado, desautorizado, sin libertad de cátedra, vigilado y torturado por la idolatría hacia las nuevas tecnologías, mientras los alumnos campan a sus anchas. ¿Qué se puede esperar de un sistema educativo donde los alumnos acaban sus cursos y el bachillerato sin saber a qué país pertenecen, pues ni la historia común del lugar, ni la geografía, ni el arte, ni la literatura, ni las lenguas, ni la política, ni la Constitución, ni las normas más elementales de convivencia, ni el respeto entre los géneros, ni la democracia, ni casi nada de nada se les ha hecho aprender? Hoy la universidad, con mucha suerte, es un nuevo bachillerato. Así no es raro que muchos de esos jóvenes se identifiquen con los zombis o los monstruos de la fiesta disparatada e insultante de Halloween. Éste es el baremo del nivel cultural que se les ha facilitado. Ellos no son culpables, ellos son sólo los tristes damnificados.

¿Cómo podrán estos muchachos luego, a lo largo de su vida adulta, identificar lo que es verdad de lo que no lo es? Hannah Arendt iniciaba la carta de agradecimiento que le envió a su maestro, el filósofo Karl Jaspers, reafirmándose en que la única cosa importante era la verdad. Esto mismo remarca Camus cuando, en su discurso de recepción del Premio Nobel, recuerda, y también agradece, las enseñanzas de su maestro en Argel. Todo lo demás giraba en torno a ella, a esta verdad. La filosofía era una manera reflexiva para encontrarla. Y la filosofía, ahora reintegrada a la enseñanza y ya veremos cómo, también era la manera de enseñar a escuchar, a ser tolerantes, pacíficos, a evitar escepticismos y nihilismos y, evidentemente, sectarismos y fanatismos hoy instalados en nuestras democracias. La educación servía, y sirve, para demostrar que ninguna razón humana es infalible. Y la educación afianza, si se lleva a cabo bien, la confianza entre los pueblos y los individuos. No es que la educación pueda evitar todos los conflictos, pero sí aminorarlos. La decadencia de las naciones o de los estados democráticos comienza con el socavamiento de la educación y de la legalidad. Bien porque el gobierno en el poder interviene unilateralmente en el sistema docente (utilizándolo como adoctrinamiento, una de las más peligrosas perversiones, por ejemplo, evidentísima, en Cataluña); bien porque el poder abusa de las leyes, o bien porque la autoridad de la fuente de dichas leyes deja de ser contemplada como válida. Así, el Estado de derecho pierde su capacidad para la acción política responsable. El pueblo deja de ser ciudadanía y lo que queda, si queda algo, son tradiciones.

Soy agnóstico y siempre he defendido la educación laica, sin embargo las religiones son una construcción cultural tan relevante que deben, en su conjunto, ser explicadas. Sobre todo, para evitar sus fanatismos. Y esto se puede llevar a cabo desde un área propia, o dentro de un apartado correspondiente, en la filosofía o la ética. El noventa por ciento de nuestro patrimonio tiene, por las circunstancias históricas que ninguna ley de memoria jamás podrá cambiar o modificar, como materia al cristianismo. Quien entre en el Museo del Prado así lo comprobará. ¿No es bueno que los españoles conozcan su mitología grecolatina y monoteísta? Las ideologías –y las religiones también lo son– son sistemas explicativos de la vida y del mundo. La libertad no va asociada a las creencias, a diferencia del poder de las nuevas o ya viejas tecnologías en el día de hoy. Desde hace tiempo el secularismo quitó a las instituciones religiosas toda autoridad públicamente vinculante en la vida social y política.

¿Tiene sentido una nueva ley de educación cuando las más altas instancias están en entredicho, precisamente por la oscuridad y la incerteza en el cumplimiento de sus deberes académicos? ¿O una nueva ley de educación cuando la segunda más alta responsable del gobierno, ella misma profesora, niega la verdad de la evidencia reiteradamente? ¿Estará en los nuevos planes explicar lo que es la verdad y cómo debe respetarse en un Estado de derecho donde todos somos iguales, pensemos lo que pensemos? En *El proceso* de Kafka, el capellán de la prisión le ordena a K, el detenido sin saber los motivos, que no pregunte por la verdad. No es necesario aceptar todo como verdadero, uno debe aceptarlo como necesario. Ya antes, su abogado le había aconsejado adaptarse a las condiciones existentes y no criticarlas. «Melancólica conclusión», dice K (todos nosotros somos K), «que convierte la mentira en principio universal». ¿Acaso se olvidó el autor de decirnos que las mujeres en el poder y, además, supuestamente feministas, envueltas en color violeta, no mienten nunca? Mentir en aras de la necesidad aparece como algo sublime, y quien no se somete a esta «realidad» es un refractario. En el caso de K, la sumisión no fue obtenida por la fuerza sino por el sentimiento de culpa. Nadie está libre de culpa. Hacer dejación de la verdad por quienes tienen el poder y también por parte de los administrados conduce a lo que le pasó a K. Por cierto, ¿cuántos jóvenes lo habrán leído? La catástrofe siempre puede ser anticipada. Kafka avisó de una sociedad en disolución, que seguía ciegamente el curso natural de la ruina.

De la misma manera que un gobierno no puede ser sustituido por la burocracia, las leyes tampoco pueden serlo por decretos, las más de las veces partidarios. Incluso cuando los que representan a las leyes dejan mucho que desear.

¿Una nueva ley de educación cuando las competencias están equivocadamente transferidas? ¿Una ley nueva de educación sin consensuar y exigible en todos los territorios? ¿Una nueva ley que impida la belicosidad entre unas y otras comunidades? ¿Una nueva ley de educación que evite el bochorno de ver en televisión cómo varios presidentes autonómicos desconocen la historia y la geografía, no sólo de sus regiones sino de todo el país? ¿Una nueva ley de educación para que los jóvenes pronuncien con convicción y dignidad conceptos como libertad, democracia, constitución?

En nombre del principio de un abstracto igualitarismo que no admite distinción alguna entre buenos y malos estudiantes, entre vagos y esforzados, entre atentos y obligados, se establece la inaceptable exigencia de que después de ser examinados para obtener el título de bachillerato se le pueda incluso otorgar con una asignatura suspensa. Algo inaceptable. Un mal, sobre todo, para ese chico o chica y, también, un mal ejemplo para el resto. En la educación, la exigencia debe ser total y absoluta pues es la base esencial sobre la que cada estudiante va a levantar la arquitectura de su vida. De esta otra manera el estado será cómplice de su fracaso. Y el fracaso de todos.

En estos tiempos, como en otros no tan lejanos del pasado siglo, nos encontramos en un interregno entre el declive y desaparición de un mundo ya antiguo, y el nacimiento de lo nuevo, todavía desconocido. Sucedió entre el interregno de la Primera y la Segunda Guerras Mundiales. Estamos como en *La muerte de Virgilio* de Broch, en las últimas horas del último esfuerzo por encontrar la verdad y su certeza. Sabemos que la mentira no lo es, probablemente no descubramos nada más allá. Las mentiras, masculinas o femeninas o de cualquier otro género, son, como diría Mirabeau (la cita la obtengo de la relectura de los *Diarios* de Byron), cosas verdaderamente pestilentes.

Aunque muchos conciudadanos vuelven a Berlanga para reírse de nuestra propia situación política, yo regreso a Carlos Saura. Hace poco coincidí con él y le dije que, cada vez más, me sentía como el personaje principal (representado por mi coterráneo Fernando Rey) de *Elisa, vida mía*. Es decir, como un Robinson de nuestros días.

13
La discordia

El profesor de Filosofía Marcello Clerici, convertido al fascismo, se ofrece en su viaje de boda a París a asesinar a una de las más prestigiosas voces opositoras: su maestro y profesor de la Universidad de Roma. Sin mayores escrúpulos lo lleva a cabo. Wiktor, un joven y prestigioso músico en la Polonia comunista, satélite de la URSS, es detenido junto con Zula, su amante y estrella de la canción. A él le rompen las manos, los inutilizan y ambos se suicidan. ¿Qué prefiere nuestro presidente del Gobierno, la historia de Moravia contada por Bertolucci o la de Pawel Pawlikowski? ¿Prefiere a *El conformista* o a los protagonistas de *Cold War*? Ambas películas transcurren en la Europa de la segunda mitad del siglo pasado, es decir, hace nada, infectadas por el mal de los totalitarismos de derechas e izquierdas hoy metamorfoseados en los populismos. Los resultados de aquellos totalitarismos, los mismos: falta de libertad, millones de muertos, el terror y la involución del ser humano.

Al tener como socio a Podemos y sus adláteres, el presidente del Gobierno optó por alinearse con los villanos de la película del director polaco. Y lo hizo sin vergüenza alguna. E inmediatamente volvió a campar a sus anchas el nacionalismo catalán. Los otros siguen a la espera, y al desenterrar los fantasmas del pasado y estar ya todo desnortado, surgió lo que desde el propio franquismo no había vuelto a existir: la extrema derecha. Ambos extremos, sin lugar a dudas, siempre se han necesitado. Y si bien el presidente apenas ha hecho la más mínima mención crítica a sus amigos de viaje por si pudiera molestarlos, sí ha desarrollado una buena artillería contra los recién regresados, también viejos conocidos de quienes vivimos y sufrimos, durante algunos años, la lenta agonía del franquismo. Y lo que es más odioso e indigno: achacarle este mal a los otros dos partidos constitucionalistas. Equiparar de fascistas al PP y a Ciudadanos (cuyo líder es un catalán que viene sufriendo las amenazas e insultos desde hace años) es como decir que el PSOE es un partido estalinista. Marx, Lenin, Stalin o Mao sí que están en el mundo ideológico de Pablo Iglesias aunque nunca los cite. Iglesias dispuesto, en otros tiempos anteriores al chalet, a entregar a su país a la revolución castrista o bolivariana de resultados tan conocidos, o lo que es incluso peor, al régimen integrista iraní.

En los últimos meses, intentando comprender todo lo que está pasando, a veces, perdemos nuestra propia capacidad para hacerlo. Como escribió Paul Valéry en medio del convulso período de entreguerras de la primera mitad del siglo pasado, estamos en la «bancarrota del sentido común». Las ideas racionales más comúnmente aceptadas han sido atacadas, refutadas, sorprendidas y disueltas por los propios acontecimientos. Tenemos la certeza de que nuestra democracia está irresponsablemente puesta en peligro. Quienes hemos leído a Maquiavelo sabemos que la política no es más que el arte de mantenerse en el poder. Por lo tanto, la moral y la política, muchas veces, están separadas, y juzgar la política a través de la moral es un error, pues cuando un político habla de moral sigue haciendo política. Los valores de justicia, respeto, lealtad institucional, transparencia y seguridad han quedado de lado como una pesada carga.

La democracia está en peligro. Entre otras cosas, porque no se supo arraigarla bien. El propio país está amenazado en su integridad. Y lo hacen unos pocos que creen que tienen más derechos que el resto. Nacionalistas, Podemos y Vox son lo mismo. Quizás bajo ideas distintas nos conducen hacia el mismo abismo: la destrucción y aniquilación de nuestro Estado de derecho y su transformación en otra cosa. También la destrucción y aniquilación de esta Europa quizás no tan perfecta como deseáramos, pero que también nos ha dado las mejores décadas de paz y bienestar. La democracia precisamente debería protegernos y cuidarnos de estos enemigos, pero ¿quién la protege a ella? La democracia, y en España todavía más, ha sido la concordia ordenada, la paz y el desarrollo.

El resto de sistemas políticos son la discordia. Hannah Arendt hizo inteligentes matizaciones entre el poder totalitario, el poder tiránico, el régimen despótico y las dictaduras de partido único. El poder totalitario-tiránico-despótico concentraba toda su autoridad en manos de una persona y provocaba la impotencia absoluta de los ciudadanos que volvían a ser súbditos. Hitler y Stalin eran dictadores totalitarios y sus regímenes, dictaduras de partido único. Lenin había sido un dictador revolucionario de partido único apoyado en la burocracia del partido. Mussolini, a diferencia de los nazis, fue un adorador del estado, un dictador militar –como Franco–, sólo que sin un verdadero ejército. El dictador totalitario se siente como la única cabeza de toda la humanidad.

El presidente del Gobierno está al lado de uno de estos dos grandes sistemas totalitarios. De aquel partido que habiendo perdido las elecciones en Andalucía echa a la calle a su gente para manifestarse contra la democracia representativa. Nadie puede ir contra la propia dignidad, pero se intenta. La Boétie criticaba a los gobernantes que buscaban el enfrentamiento entre sus conciudadanos para prevalecer. Sin proponérselo (al menos les doy este voto de confianza), nuestros actuales regidores están cumpliendo con aquel principio del que hacía gala Thoreau: un gobierno es un mal necesario del que sólo cabe esperar que gobierne poco. Evidentemente, Thoreau era un ingenuo roussoniano. La moral está en la conciencia de uno mismo, mientras que la política es estar permanentemente en acción. Acciones positivas, deberían ser, no negativas.

El camino que ha tomado el presidente del Gobierno es muy semejante al de Coriolano, el personaje de una de las obras menos conocidas de Shakespeare. El general romano, cuyo nombre era Cayo Marcio, se alió con los mayores enemigos de su país, los volscos (hoy las tribus bárbaras de los populistas y los nacionalistas), para marchar sobre Roma (nuestro propio país). El verdadero drama político del gran dramaturgo inglés, según Harold Bloom, era éste y no *Julio César* o *Enrique V*. Para Coriolano, el pueblo de Roma era muy voluble y no se merecía nada. Ellos, sus conciudadanos, lo llegaron a considerar una amenaza para su sobrevivencia. Con todo, Coriolano era más enemigo de sí mismo que de ellos, y su tragedia no es consecuencia del miedo y la ira del pueblo, sino de su propia naturaleza y educación. Cayo Marcio («un gran espíritu encadenado» a decir de Chesterton) no logra sobrevivir a su contexto y a sus circunstancias. Desterrado por la multitud, regresa para castigarla acompañado de los volscos. Empresa no muy honorable. Coriolano (la última versión cinematográfica la interpretó y dirigió Ralph Fiennes, teniendo como telón de fondo la cruenta guerra civil de la antigua Yugoslavia) vive y muere, según Hazlitt, en la insolencia del poder. No hay ningún lugar para él en el mundo y ni unos ni otros lo quieren. Sin hogar. ¡Qué cosa más terrible! Pero quien no defiende a su país tampoco está defendiendo su hogar. Ya no es general de nada ni de nadie. Coriolano, dice Bloom, por malvado que pueda ser, tiene que ser perdonado por el público. Nuestro Cayo Marcio lo sabrá cuando se someta a las elecciones generales. Y, aunque tarde, nosotros, el público, lo decidiremos.

14
¿El pueblo soberano?

DURANTE LOS SIGLOS XIX Y XX surgieron, casi al unísono, oleadas democráticas y antidemocráticas. La democracia pudo elegir, juzgar, revocar a los gobernantes y mantener la vida de sus ciudadanos con libertad y dignidad. La democracia, pese a su crisis habitual y debilidades, trajo grandes avances. Trasladó la soberanía de Dios al hombre. Soberanía del pueblo como fundamento del Estado. Así consta, por ejemplo, en la Constitución de los Estados Unidos. A veces se habla de república en vez de democracia, en el sentido de que la mayoría de las monarquías eran absolutistas. La democracia también proclamó que los seres humanos eran dueños de su propio destino. La democracia respetó las razas, los pensamientos religiosos incluso defendiendo la laicidad, los derechos humanos, y se encargó de aminorar la pobreza, mejorar la educación pública y la sanidad. La palabra «democracia», sin embargo, hizo desconfiar a muchos en el sentido de que no estaban seguros de que fuera del todo bueno, o saliera bien, el gobierno de la mayoría del pueblo. Y por eso en la Constitución de los Estados Unidos se especificaron los principios y los fines de un gobierno basado en la voluntad popular. Se consideraba que todos los seres humanos habían sido creados iguales y con derechos inalienables (la vida, la libertad, la felicidad), y por tanto se establecía un acuerdo entre gobernantes y gobernados para cumplir los fines de esta misión. Y se daba por supuesto que los ciudadanos intervendrían y denunciarían los incumplimientos caso de llevarse a cabo.

A finales del siglo XVIII, el pueblo fue proclamado soberano tanto en Estados Unidos como en Francia (ya se había conseguido mucho en Inglaterra con su parlamentarismo). Esto en Europa no fue definitivo, primero con las guerras napoleónicas y luego con la reimplantación de monarquías absolutistas y antidemocráticas como en el caso de España. No nos olvidemos que la Declaración Universal de los Derechos del Hombre fue aprobada por la Asamblea General de la ONU en diciembre del año 1948. Después de dos guerras mundiales. En esa fecha, en nuestro país, el dictador disponía de muy buena salud. En la Declaración se especifica que la voluntad del pueblo es la base de la autoridad del poder público y se expresa mediante las elecciones. En la ONU se pueden contabilizar muchos éxitos en cuanto a la salvaguarda de la paz y la extensión del sistema democrático, pero también algunos fracasos llamativos. Paz, seguridad, lucha contra la pobreza, desarrollo, igualdad, libertad de ideas y pensamiento sólo se pueden defender mediante la instalación permanente de sistemas democráticos.

Hoy en día la palabra «democracia» ha sido adoptada por prácticamente todos los regímenes, incluso totalitarios en cualquier sentido. Hoy todos los movimientos, incluso los populismos, se declaran representantes del pueblo soberano. Pero, a mediados de los años setenta del pasado siglo, surgió una especie de nuevo liberalismo promovido por Estados Unidos, algunos países de Europa y Japón, propugnando un nuevo mercado libre y la «adaptación» de las democracias al reforzamiento del poder ejecutivo frente a la presión ciudadana inclinada hacia lo social. Uno de sus puntos básicos era la reducción de la intervención estatal en la economía. Todo un retroceso que en muchos países se ha desarrollado de manera imparable. Pensaban de esta manera controlar la recesión económica, la inflación, la deuda pública, la inestabilidad política, las «excesivas» reivindicaciones, el terrorismo... A la vista de todo esto, Willy Brandt dijo que la Europa Occidental resbalaría hacia las dictaduras que la rodeaban. Aquellas dictaduras desaparecieron con la caída de la URSS, pero en la actualidad Rusia ha vuelto a transformarse en una nueva «dictadura» que trata de influir negativamente en la Europa democrática, por lo que el dicho del canciller alemán no ha perdido ni un ápice de su razón e interés para seguirlo teniendo en cuenta. De alguna manera, él no sólo se refería a la agresividad exterior contra la democracia occidental, sino también y, sobre todo, a la crisis de la propia democracia. Crisis y malestar en las democracias occidentales, en especial después de la crisis económica de finales de la primera década del siglo XXI. Crisis, estancamiento económico, abandono de las ideologías por los pragmatismos, la debilidad de la socialdemocracia y el Estado del bienestar, el creciente terrorismo islámico y la presión de la inmigración, el fracaso de las primaveras árabes, la regresión en aspectos esenciales de la libertad, el alejamiento entre el poder y sus representados, el desarrollo del mundo tecnológico y la presencia de la inteligencia artificial...

Gentile y Eisenstadt han advertido que ni siquiera la presencia de condiciones favorables para el funcionamiento de las democracias representativas garantiza automáticamente su persistencia, porque la continua transformación de la sociedad y de las situaciones políticas puede crear condiciones que debiliten la legitimación y la eficacia de la democracia representativa. La «desconsolidación» de las democracias en las sociedades contemporáneas vendría con el reforzamiento del poder ejecutivo, la burocratización, los tecnócratas, el abandono de la separación de poderes y la involucración mayor de la ciudadanía a través de las nuevas tecnologías. De ahí alguno de los motivos justificatorios del surgimiento de los populismos y sus ideales de participación ciudadana directa cada vez con menos intermediarios.

A esa «desconsolidación de la democracia» se añadirían factores internacionales como la globalización económica y cultural, acompañada por nuevos antagonismos culturales, étnicos, nacionalistas y religiosos «que habría llevado a la crisis del Estado nacional y secular, a su vez fraccionado por viejas y nuevas rivalidades y exigencias reivindicativas sectoriales con una creciente fuerza centrífuga». Toda esta conjunción de elementos internos y externos, de desconfianzas mutuas entre representantes y representados, además de los nuevos temores surgidos del desarrollo de nuestro mundo contemporáneo, conducen a la apatía, a la desazón, a la irritación, cuando no a la rebeldía activa de grandes capas sociales, como sucedió en España.

La reducción de la participación democrática es un síntoma muy significativo. Frente a las democracias liberales han surgido otras de carácter no liberal en las que el pueblo prefiere u opta por la seguridad en vez de por la libertad. Por ejemplo, Brasil. El autoritarismo nunca ha perdido su antiguo «prestigio», sobre todo en momentos difíciles o confusos como los presentes. Colin Crouch, en *Posdemocracia*, afirma que la corrupción ha sido uno de los elementos fundamentales en el descreimiento democrático. Sobre todo de la clase política: cínica, amoral y libre del control y de la relación con el público. Gentile en vez de hablar de posdemocracia acuña el término «democracia recitativa», en la que el pueblo sigue siendo soberano en la retórica constitucional pero en realidad ha sido des-soberanizado. También ratifica todo lo dicho, no sólo la pérdida de votantes sino también la de militantes de todos los partidos políticos. ¿Una democracia cada vez más alejada de su pueblo? La participación popular siempre ha estado bajo sospecha, ya desde los propios inicios de la democracia contemporánea. Aún hoy las élites de Bruselas la manifiestan, pero esto viene de muy lejos. Los propios padres de la Constitución estadounidense o los revolucionarios franceses tardaron en ver aquello tan simple de «una persona, un voto». El sufragio universal, sin límites ni discriminaciones, durante mucho tiempo fue considerado una amenaza para la supervivencia de la república, porque el gobierno del pueblo sin una selección cuidadosa de los representantes podría desembocar en una tiranía, como había sucedido en las democracias antiguas (y no hace falta ir tan lejos pues tenemos claros ejemplos en nuestra contemporaneidad).

El temor a una masa incontrolada aún permanece en el inconsciente individual pues, hasta ahora, trajo más males de los que quiso solucionar. ¿Se terminó la democracia representativa en favor de la directa? ¿Qué influencia tendrán las nuevas tecnologías? Rousseau, que no aceptó la democracia representativa pues el pueblo perdía gran parte de la soberanía, tampoco vio como realizable la democracia directa por ser incontrolable. Hoy la fe en las nuevas tecnologías y la posibilidad de que cada individuo pueda votar desde su casa cualquier proyecto se ha visto defraudada ante las gigantescas manipulaciones que se vienen realizando en las redes tanto por personas como por países como Rusia, un pirata informático peligroso que, junto con otros estados, está acusado de haber intervenido en las últimas elecciones de Estados Unidos. Esta vía tan celebrada, por lo de ahora, está cerrada. La democracia directa aún tendrá que esperar. ¿Pero es que todo el mundo puede opinar sobre todo, incluso por encima de las opiniones de los expertos? Durante los siglos XIX y XX y lo que llevamos del XXI, las democracias apoyadas en la idea de la soberanía popular «moderada», o «adaptada» en cada momento a las circunstancias, fueron levantando una sociedad basada en la igualdad, la libertad y el respeto hacia razas, creencias, sexo o condiciones sociales. Como muy bien resume Gentile, republicanos, monárquicos, liberales, demócratas, socialistas, comunistas, anarquistas, nacionalistas, marxistas, bolcheviques y populistas se han enfrentado y han combatido muchas veces con virulencia para dar un cuerpo vivo y viviente al pueblo soberano. Y de esta exigencia nacieron los partidos políticos que, mal que bien, han organizado a las masas estableciendo como objetivo la conquista del sufragio universal.

¿Es posible que el pueblo pueda gobernarse a sí mismo? ¿Cómo podría llevarlo a cabo sin los excesos ya realizados en la historia? ¿Son siempre los mejores para representarlo? ¿Se respeta al cien por cien la voluntad popular? ¿Es imprescindible la figura de un líder? Las democracias también surgieron de ideas utópicas y hubo que bajarlas a la realidad. La democracia fue y es evolutiva y nunca revolucionaria. La democracia, su cuerpo, es el mismo que el de sus representados, por tanto comete los mismos errores y aciertos. La democracia tiene muchos defectos, contradicciones, malformaciones y, sobre todo, hipocresías. Pero es, hasta ahora, la mejor forma de gobierno. Con el nazismo, el estalinismo, la Shoá y después las guerras de Oriente Medio, retrocedieron el liberalismo y la socialdemocracia. El resurgimiento de las ultraortodoxias religiosas realimentándose también ha sido un problema para la democracia. Y la aparición de los populismos como uno más de los jinetes del Apocalipsis.

Yo creo que la mayor desconfianza hacia el pueblo soberano proviene de la poca educación democrática que se le ha dado a los ciudadanos. Y no sólo democrática. Los ciudadanos deberían tener obligatoriamente una educación ejemplar que los condujera a esa intervención cada vez mayor en las decisiones políticas, pero nunca ha sido así, a pesar de que la educación y la cultura son los pilares permanentes del edificio democrático. Más educación y más cultura ampliarán la influencia del pueblo soberano. El nuevo arte de gobernar, como lo denominaba Foucault, no es ya, como en la teoría medieval, la sabiduría de Dios ni, como en Maquiavelo, la razón del príncipe, sino la naturaleza y la racionalidad propia del Estado. No está en cuestión la legitimidad y la estructura jurídica del poder soberano, sino las tecnologías a través de las cuales el Estado se conserva y puede integrar a los individuos en su propia racionalidad. El filósofo francés hablaba de un biopoder moderno del Estado como educador y rector, pues la política es también, en sus formas más esquemáticas, parte del mundo interior del hombre, y de las infinitas interioridades en relación recíproca. La política es quizás la más «execrable» creación, pero también la más alta y profunda manifestación del ser humano.

II. LAS DEMOCRACIAS SUICIDAS

1
Dos filósofos en las trincheras de la Primera Guerra Mundial

De Teilhard recuerdo que, por aquellos años universitarios, leí con mucho interés *El fenómeno humano, La aparición del hombre* y *El porvenir del hombre. Génesis de un pensamiento* son las cartas que el jesuita envió a su prima, Marguerite Teillard-Chambon, durante los años de la Primera Guerra Mundial. Por lo tanto, en estos meses, son de plena actualidad pues se están cumpliendo los cien años. Muchas de aquellas fechas de escritura coinciden ahora con las mías, nada menos que un siglo después. Las cartas de Marguerite no se conservan. O bien Teilhard se deshizo de ellas o, simplemente, le fue imposible conservarlas debido a su complicado destino en el frente. De todas formas, algo comprometidas debían de ser a la vista de las contestaciones que él le va dando. Respuestas amables, cariñosas, firmes, serenas y de una castidad inmensa cumpliendo con sus votos. El primo, además de contarle su vida cotidiana en el frente como camillero y sacerdote, la ayudaba dándole opiniones y sugerencias tales como: «Sólo te pido, una vez más, que unas al mío tu esfuerzo por vivir, para que sirviéndonos de soporte el uno al otro, obremos más eficazmente en servicio de Nuestro Señor» (28 de mayo de 1915). Marguerite está en continua duda espiritual y confusa sentimentalmente. Esto último lo evita él. En carta del 22 de agosto de 1915 le escribe: «Poco importa que humanamente te sientas fracasada si Dios te encuentra lograda». Con respecto a la falta de vocación religiosa de ella, el primo le dice, el 8 de enero de 1916, que esa toma de posesión de ella por Dios se puede llevar a cabo sin que le sea preciso hacerse religiosa: «Puedes permanecer muy laica (en el buen sentido de la palabra) y muy cerca de Nuestro Señor por tu vida íntima. Él mismo, poco a poco, modelará tu actitud a su gusto. Lo que es necesario, por tu parte, es que le aceptes definitivamente como el Dios de tu vida. Como lo único que puede vivificar tus actividades».

Más adelante, en otra misiva firmada el 23 de febrero de 1917, se reafirma Teilhard: «¡Nuestro Señor sea siempre el medio y el fin de nuestra amistad, realmente fraternal!». Las otras muchas referencias, en este sentido, son siempre las mismas: «Nuestra amistad es preciosa. Que Nuestro Señor nos ayude a hacer de toda ella una fuerza que nos conduzca a Él, pues nada se pierde en la vana contemplación mutua (lo cual sería energía y amor perdidos)» (25 de julio de 1917). «Tu amistad será siempre para mí una cosa preciosa» (19 de febrero de 1919); o, en una de las últimas misivas fechada ya al final de la contienda, en París, el Viernes Santo de 1919 (20 de abril): «Ves, Marg, que cuanto más profundamente siento mi afecto por ti, más sólida y profundamente deseo verte unida a Dios. Veo claramente que ni tú ni yo, menos que nadie, podemos ser felices de otro modo...». Al final de sus días Teilhard tuvo como amiga y secretaria a Rhoda de Terra, que se separó de su marido y lo acompañó, en 1954, en su último viaje por Europa. No dudo que Teilhard cumplió con sus votos. A mí me da igual, nunca he comprendido esta renuncia al amor terrenal, me disgusta esa otra palabra de «carnal».

Marguerite, que preparó esta edición, había eliminado cuanto le concernía personalmente en las cartas. Pero tras su muerte, antes de aparecer editadas, los nuevos responsables pensaron, con muy buen criterio, que deberían aparecer íntegras. Faltan cartas que se perdieron por las circunstancias.

Marguerite (1880-1959), había nacido un año antes que su primo y moriría cuatro años después. Teilhard fue a la guerra con treinta y cuatro años, mientras ella tenía treinta y cinco. Las cartas son un diálogo, una conversación, entre dos almas gemelas. Ella, inquieta por sus pensamientos sociales y religiosos; él, identificado con la humanidad en guerra. Ella dirigió su trabajo hacia la educación y la literatura, donde tuvo una muy buena fortuna. Los personajes femeninos son muy importantes en sus obras. En 1939 viajó a Estados Unidos y se reencontró con Teilhard. Allí escribió uno de sus libros más famosos dedicado a Lincoln (1955).

A Teilhard de Chardin la guerra lo ayudó a conocerse a sí mismo. Uno de sus hermanos había muerto combatiendo. Él sirvió como camillero en la brigada del regimiento mixto de zuavos y tiradores marroquíes. Sólo intervenía para salvar vidas, corriendo el mismo peligro que el resto de los soldados. El regimiento se desplazará desde Flandes a Verdún, luego a la Champaña y, otra vez, hacia el norte. Teilhard es un soldado-sacerdote-compañero a quien se recurrirá siempre en las horas más difíciles. Las cartas se inician el 13 de diciembre de 1914. Él describe el ambiente de los camilleros como lo menos poético; además, las cualidades de cada uno pasan totalmente desapercibidas: «Es el ideal de la vida banal e ignorada que yo tantas veces he reprendido». ¿Cómo sobrevivir en medio de la guerra siendo un hombre de paz? Haciendo el bien a los semejantes sin preguntar. «Acaba uno por perder apego a la vida y por considerar la muerte como una eventualidad ordinaria» (17 de mayo de 1915). Dedicación a curar heridos y consolar. Evitar la amargura. Charlar con los pocos que tienen una preocupación religiosa o, simplemente, inquietudes. Subraya la aparente falta de éxito de la religión. El ambiente es egoísta y burgués. Hay que condescender y tratar de educar. También escuchar. Paciencia y comprensión hacia todos, hacia quienes entienden su trabajo (de camillero y sacerdote), y hacia quienes no lo comprenden y lo rechazan. Evitar la dureza y el desdén. Ensalzar el arrojo y el valor en condiciones penosas. Incluso en las peores circunstancias, Teilhard defendió que la vida era bella.

La pregunta más reiterada que le hacían era que si Dios existía, ¿por qué permitía la guerra? Teilhard entiende esta inquietud y le responde a Marguerite que está escribiendo sobre este asunto, aunque a lo largo de estas cartas no aparece la respuesta. Pero sobre el asunto del mal vuelve otras veces: «... para constituir el Cosmos 'milagroso', del cual debía ser desterrado el sufrimiento, el Creador ha debido tomar un universo donde el sufrimiento fuese la condición natural de la vida y del progreso; y es, precisamente, este mundo natural el que ha aparecido a consecuencia del pecado original» (7 de octubre de 1915). Y en esta misma carta responde a otra pregunta de su prima, a la de que si Dios pudo hacer el mundo más perfecto, ¿por qué no lo hizo así?: «Eso no es más que jugar con las palabras 'más perfecto'. Cada universo posible tiene un matiz especial de belleza, incomunicable, por el cual es más perfecto que los demás. Otro universo, con menos mal, sería calificado por nosotros de 'mejor', porque razonamos como blandengues a quienes asusta el esfuerzo...». Para el religioso Leonardo Castellani (de los más críticos con su obra), una de las culpas de Teilhard se encontraría en la negación del pecado original. Para el joven sacerdote-camillero, el valor real de nuestra existencia se medirá finalmente por el grado de fidelidad y obediencia que hayamos desplegado en la subordinación a la voluntad divina, cualquiera que haya sido la tarea brillante o humilde en que hayamos servido. El catolicismo es una religión que triunfa sobre la muerte, por eso si tanta gente ha sabido perder la vida únicamente por la patria, «¿qué debemos ser capaces nosotros de hacer, de abandonar, si creemos en Jesucristo?», le dice a su prima en carta del 22 de enero de 1916.

En las cartas firmadas en el mes de junio de 1916 (hace un siglo), Teilhard se refiere a la voluntad de Dios como la fuente del único determinismo. Marguerite ensalza la pasión de vivir de su primo en medio de la muerte con la cual él convive a diario, en contraposición con el desánimo en el que ella vive. Y él insiste en darle motivos para vivir desde la fe en Dios. Él nunca ensalza el heroísmo propio, sino el de los demás. Él habla desde la humildad, ligado por la voluntad divina a un destino menos glorioso que el que había soñado, y que, sin embargo, piensa aceptar en lugar de atormentarse. La mansedumbre como virtud acompañada de la alegría por el trabajo que Dios nos da a cada uno. Y la caridad, la fraternidad y el amor.

Teilhard es un magnífico narrador. Describe los lugares por los que pasa, habla de la destrucción del patrimonio artístico y arquitectónico de las ciudades, y se conduele de la materia así como de los seres humanos. Defiende el gusto por pensar, por meditar, incluso en medio de la batalla. La catedral de Verdún semidestruida, los silbidos y las explosiones como una compañía habitual. El simbolismo de la muerte y el sacrificio lo explica refiriéndose a Cristo crucificado. Un gran Cristo sobre la costa de Froideterre en recuerdo de esta gran batalla. ¿Cuántas batallas antes, cuántas batallas después?

Teilhard apoya los escritos feministas de Marguerite, la que luego también será la prologuista de este volumen. A veces se siente fatigado de sí mismo y de sus responsabilidades para con Dios y los seres humanos. El 8 de septiembre de 1916, adelanta algo fundamental en lo que va a basar su labor creadora. El catolicismo no es incompatible ni con la ciencia ni con la democracia. Le parece que es una obligación fundamental para el hombre extraer de sí mismo y de la tierra todo lo que ella pueda dar, y esta obligación es tanto más apremiante cuanto que ignoramos absolutamente los límites, quizá todavía lejanos, que Dios ha puesto a nuestro conocimiento y a nuestras potencias naturales. En otra carta, ésta del 9 de octubre de 1916, habla de «sentimiento cósmico cristiano». Y esta idea la desarrolla, el 29 de marzo de 1917, cuando habla de una especie de mística que lo hace perseguir a Dios apasionadamente en el corazón de toda sustancia y de toda acción.

Por supuesto que Teilhard está contra la guerra, pero reconoce que estando en ella «me ha traído todo». Le ha humanizado, le ha enseñado a pensar, ha visto el dolor y la muerte pero también la esperanza. «Ocurra lo que ocurra, bendeciré eternamente a Nuestro Señor por haberme dejado ver lo que he visto y por haberme dado este sentimiento de fuerza y de confianza.» Más adelante, en otra carta del 13 de noviembre de 1918, hablará de la *nostalgie du front*. La muerte es quien nos entrega a Dios, nos hace pasar a Él, por lo tanto no debemos temerla tanto. Está ligada a la vida. No es algo oscuro, sino la posibilidad de la luz. Para Teilhard, la muerte nos libera de la soledad al mezclarnos con Dios. La muerte libera y si no existiera, la tierra «parecería asfixiante» (5 de agosto de 1917). La Naturaleza le hace sentir el deseo de morir con tal de ver lo que en ella hay, y para alcanzar ese estadio superior de conocimiento de lo absoluto es necesario que nos desprendamos de la forma de nuestro cuerpo. Por lo tanto, para este soldado-sacerdote-camillero, la muerte hay que verla como un camino hacia un más allá mejor. Una resurrección en la luz, una incorporación a una especie de Dios panteísta –como el de Spinoza–, por el cual también fue muy criticado por la propia Iglesia católica. Y era el sacerdote quien debía ser ejemplo de todo esto, quien debía soportar íntegramente el peso de la vida y demostrar en sí mismo cómo pueden aliarse el trabajo humano y el amor de Dios. También no temer a la muerte y hacer que no fuera temida. Habla, como buen jesuita que fue a pesar de sus críticos, de sacerdotes-soldados, y del daño que hacen al cristianismo «los creyentes, y principalmente los sacerdotes, que no son suficientemente humanos». ¡Qué diría hoy! Las cartas a Marguerite (que firmaba sus libros bajo el pseudónimo de Claude Aragonnès) finalizan el 17 de septiembre de 1919. Esta última remitida desde la isla de Jersey en el Canal de la Mancha, uno de sus lugares de formación, así como Inglaterra. También Teilhard estuvo estudiando en El Cairo.

Se le concedió la Medalla al Mérito Militar y la Legión de Honor. Durante esos años de la Primera Guerra Mundial ya llevó a cabo sus investigaciones y trabajos sobre la vida cósmica y el potencial espiritual de la materia, de los que hay referencias indirectas en las cartas a Marguerite. En los años veinte se licenció en la Sorbona en Geología, Botánica y Zoología. Su doctorado fue sobre *Mamíferos del Eoceno Inferior francés y sus yacimientos*. A partir de esta década, sus conflictos con el Vaticano ya no pararon. Se le prohibió la docencia y el acceso como profesor al Collège de France. Todo lo aceptó emprendiendo un exilio que lo llevaría a China (descubrimiento del hombre de Pekín), Asia Central, Etiopía, Estados Unidos, India, Java, Birmania, Sudáfrica, entre otros lugares. En 1951 se instaló en Nueva York e ingresó en la Academia de Ciencias de Francia. En Nueva York trabajó para la Fundación Wenner-Gren. Gran parte de su obra fue publicada después de su muerte por Jeanne Mortier, su albacea. Trece volúmenes. Murió en Nueva York en 1955. Está enterrado en el cementerio de St. Andrews-on-Hudson, al norte de este estado y a unos cien kilómetros de la ciudad, un antiguo seminario jesuita.

El Santo Oficio, en 1958 y 1962, había mandado retirar sus obras de las bibliotecas por contener ambigüedades y errores que ofendían a la doctrina católica y perjudicaban a la juventud. El padre Leonardo Castellani resumió sus pecados en los siguientes puntos: Darwinismo. Negación de la segunda venida de Cristo (parusía). Negación de la redención por la obra de Cristo. Negación del pecado original. Monismo materialista evolucionista. Panteísmo. Reinterpretación de los sacramentos. Negación del fin primario del matrimonio a favor de la ayuda espiritual mutua de los esposos. Métodos contraconcepcionistas y negación de la autoridad de la Iglesia. El Concilio Vaticano II lo reivindicó silenciosamente, así como el papa Pablo VI, quien lo definió como un científico que pudo encontrar al espíritu y a Dios en el universo en el principio inteligente y creador. Juan Pablo II valoró sus ideas a pesar de las dificultades de concepción y deficiencias de expresión. Para el papa polaco fue un audaz intento de llevar una síntesis entre fe y razón. Precisamente esas dificultades y deficiencias son lo que deberían hacer grande a Teilhard dentro de la Iglesia, pues ni más ni menos expresaban el ingente esfuerzo para adecuar el pensamiento anquilosado de la institución religiosa a los nuevos tiempos de la ciencia y la razón. Teilhard lo consiguió. Consiguió meter a Dios, una idea abstracta, en un pensamiento quizás más abstracto que es el de la ciencia. Teilhard salvó a la Iglesia católica de otro nuevo retraso con respecto al desarrollo de la sociedad. Benedicto XVI reconoció esta reconciliación de la humanidad con la naturaleza, consigo misma y con Dios, y animó a la investigación científica. El camino de la fe y el de la ciencia confluyen. Dios encarnado en la materia que impulsa y realiza en sí la culminación de todo el proceso evolutivo. El propio Teilhard habló de cristificar el universo y de universificar a Cristo. Teilhard en su momento no fue comprendido por los suyos, pero tampoco por el mundo científico. Sin embargo tuvo siempre muchos seguidores. Incluso yo, desde mi agnosticismo, puedo compartir sus explicaciones desde la filosofía, desconozco la parte de la ciencia. Teilhard, desde su complejidad, es cercano al ser humano. Entiendo que buscara a Dios en todas las cosas, como san Ignacio de Loyola. Entiendo su ingente esfuerzo por relacionar la ciencia y la religión. Su preocupación por el papel de Dios y Cristo en el universo evolutivo. Evolución de la materia hacia el espíritu. A través del espíritu humano, la evolución de la materia (había leído *La evolución creadora* de Bergson, obra condenada por la Iglesia) avanzaba, según él, hasta unirse en un punto común que Teilhard llamaba Punto Omega. Él mismo lo definía como «una colectividad armonizada de conciencias, que equivalen a una especie de superconciencia. La pluralidad de las reflexiones individuales agrupándose y reforzándose en el acto de una sola reflexión unánime». Esta unión se realizaba a través de la noosfera (la evolución humana). La humanidad avanzaba hacia una cierta unidad o se disgregaba en una multiplicidad. La primera significaría un avance; la segunda, un retroceso. La primera tendría un centro de atracción que es Dios o Cristo. ¿Qué pensará de Teilhard el actual papa Francisco, jesuita como él? ¿No tendría la Iglesia que reivindicarlo? ¡Qué ingente esfuerzo! Hasta los agnósticos como yo retornamos temporalmente a los principios en los que fuimos educados (los dominicos). Teilhard desprende afecto, desprende seguridad, aunque su audacia y esfuerzo encontrasen dificultades.

En el fondo Teilhard defiende la libertad de pensar, la libertad de imaginarse a Dios de la mejor manera que podamos entenderlo. Eso es también lo que me ha gustado siempre de mi amiga la monja Carmen Cervera, una persona cercana aunque sepa que mis incertidumbres son permanentes. Soy un descreído creyente, y el descreimiento ha sido también el motor de mi vida. ¡Ojalá que la muerte sea como la pinta Teilhard, aunque yo no sea capaz de ir a ella con esa grandeza como él la representa! ¡Ojalá que todo el mundo –me refiero a los que creen– tengan más razón que yo, y yo sea perdonado en el más allá por no haber tenido confianza aquí!

Entre las muchas columnas de libros desperdigados por toda mi casa, hay varias en las que se apilan volúmenes que ya han sido leídos varias veces y anotados, pero aún pienso que recibirán por mí otra visita, pues no han sido acabados del todo o me quedan cosas por comprender de los mismos. A una de estas enclenques torres va a parar la *Génesis de un pensamiento* de Teilhard de Chardin. Al posar el libro veo que lo hago sobre un tomo de Wittgenstein que recoge el *Diario filosófico (1914-1916)*; los *Diarios secretos*; los *Movimientos del pensar*; los *Diarios de 1930-1932* y *de 1936-1937*; las *Observaciones a «La rama dorada» de Frazer*, y *Zettel*. Como el libro de Teilhard hablaba de la Primera Guerra Mundial y el de Wittgenstein también (los diarios filosóficos y secretos), lo arranco de su montón para releer mis subrayados y hacerme una composición de lugar de lo que pensaron el filósofo francés y el austríaco. Ambos fueron contemporáneos. Wittgenstein tenía unos pocos años menos que Teilhard y murió antes, casi con la misma diferencia de edad (1889-1951). Los *Diarios secretos* comienzan el 9 de agosto de 1914 y finalizan el 13 de agosto de 1916. Manifiestan al hombre desde su desnudez y los ideales éticos. Wittgenstein sirvió en el segundo regimiento de artillería de Plaza en la ciudad de Cracovia (Polonia). Salió de Viena para incorporarse voluntariamente a esta unidad. Su regimiento servía en el frente oriental, en Galitzia, en las fronteras del Imperio de los Habsburgo con Polonia y Rusia. Es el tiempo en el cual está trabajando en su visión lógica filosófica de la realidad que daría lugar a otro *Diario filosófico (1914-1916)*, paralelo.

Wittgenstein desempeñó en el ejército austríaco los servicios más bajos. En una carta del 15 de septiembre de 1914 escribe que monda patatas voluntariamente, como Spinoza pulía lentes. Se queja de la comida y el calor. Durante esos años anteriores a la Primera Guerra Mundial, era amigo de David Pinsent (1891-1918), un matemático. Habían viajado juntos por Islandia y Noruega. David fue declarado no apto para el combate, pero se dedicó a probar aviones de guerra británicos. Murió jovencísimo en un accidente de vuelo. David es citado con frecuencia, incluso Ludwig llega a afirmar que está profundamente enamorado de él. El filósofo austríaco navegó por el Vístula en el *Goplana*, un barco apresado a los rusos. «¡Frío espantoso! Sobre el Vístula flota el hielo» (22 de noviembre de 1914). Luego ascendió a suboficial en las trincheras de Polonia y Rusia. Wittgenstein desarrolla su trabajo con responsabilidad frente a unos compañeros desalentados y groseros. Ve en esta masa combatiente necedad, insolencia y maldad. Teilhard contempla esa misma necedad pero absuelve a quienes la componen. Trata de comprenderlos. Wittgenstein tiene mejor trato con los oficiales. Mientras la soldadesca desprecia su saber, la oficialidad le ofrece espacios de estudio y sacarlo de la categoría de soldado raso. Al igual que el sacerdote francés, el filósofo austríaco confiesa su terror a la guerra y el miedo que le da, pero lo matiza de la siguiente manera: «¡Dios me dé fuerzas! Amén, amén, amén» (12 de septiembre de 1914). No tiene miedo a que lo maten, sino a no cumplir bien con su deber. Exactamente igual que Teilhard. Ambos se refieren a Dios. Teilhard más confiado en él que Wittgenstein, quien, en carta del 21 de septiembre de 1914, cree que ha sido abandonado por el espíritu. Descubre el mal entre sus compañeros y lo difícil que es evitarlo en las condiciones en que se encuentran, entre ellas las enfermedades como la disentería. «¡Qué duro es no enfadarse y aguantar!» Wittgenstein desconfía del azar. Del favorable y del desfavorable. Pero en nota fechada el 25 de enero de 1915 comenta que tiene que entregarse por entero a su destino. Los austríacos penetran muchas veces en territorio ruso. Y a diferencia de Teilhard, siempre seguro de sí mismo por la fuerza de la fe que le da Dios, Wittgenstein reconoce que, muchas veces, pierde el valor necesario para soportar la vida tal como es. No puede vivir simplemente en el presente cotidiano, sino recuperar el espíritu. Lucha por superar sus depresiones. Busca resquicios para tenerse a sí mismo y siempre huir a su interior. No perderse en medio de tanta gente, y recogerse en sí mismo. El austríaco desconfió, desde el principio, del triunfo de su ejército. Formado también en Inglaterra, expresa su creencia absoluta de que los ingleses o británicos son la mejor raza del mundo. Y lo dice sin desacreditarse a sí mismo y a los suyos.

El 1 de noviembre de 1914 habla de Trakl, poeta al que admira pero no conoce. Se encuentra ingresado en el hospital de la guarnición de Cracovia. El poeta le pide que vaya a visitarlo. Wittgenstein se emociona y manifiesta su deseo de ir a verlo lo más pronto posible. Algo se lo impide. Días después se entera de su muerte. Suicidio por una sobredosis de cocaína. En otra carta del 24 de noviembre de 1914 comenta que recibe poemas escritos por Trakl, que considera geniales aunque no los entiende. Wittgenstein, al igual que Teilhard, se preocupa por su futuro si milagrosamente sobrevive a tanto horror. Ve el austríaco a cientos de mutilados y equipara su pensamiento a estas mismas pérdidas físicas. Él habla de «pensamientos inválidos». «No trabajo mucho, pero no sin afán. ¡Sólo vivir para el propio espíritu y dejar a Dios lo demás!» Dios, o al menos la palabra Dios, está muy presente en Wittgenstein. De una manera distinta que en Teilhard. En este último, Dios está junto a él; en el austríaco, Dios es una presencia con la que se habla y se discute. Se cree en su presencia, pero también en su ausencia. Muy significativos son sus comentarios sobre Nietzsche. Al leer el *Anticristo* muestra su conmoción por la hostilidad que el filósofo alemán desarrolla contra el cristianismo. Cierto, afirma, «el cristianismo es el único camino seguro hacia la felicidad. Pero ¿qué pasará si alguien rechaza esa felicidad? ¿Sería mejor sucumbir infeliz en una lucha desesperanzada contra el mundo exterior? Pero una vida así carece de sentido. Pero ¿por qué no llevar una vida carente de sentido? ¿Eso es indigno? ¿Cómo armoniza eso con el punto de vista del solipsismo estricto? ¿Qué tengo que hacer entonces para que no se me pierda mi vida? Tengo que ser siempre consciente de él –del espíritu–...» (8 de diciembre de 1914).

Depresiones, incertidumbres, dudas, acercamientos y alejamientos de Dios, una especie de referente, de otro yo, un hermano mayor o un padre necesario, pero la convicción de que incluso en los peores momentos jamás sería capaz de sacarse la vida. Pensamiento ni siquiera imaginable en Teilhard. Dios está reiteradamente citado por Wittgenstein en muchas de sus anotaciones: «Todo lo comprende el corazón que posee la verdadera fe» (8 de mayo de 1916). «¡Dios sea conmigo! En la eternidad. Amén. Soy un hombre débil, pero Dios me ha sostenido hasta ahora. Dios sea loado en la eternidad. Amén. Entrego mi alma al Señor» (16 de mayo de 1916). «¡Que Dios haga de mí un mejor hombre!» (21 de mayo de 1916). Y finalmente, quizás esta otra definición de Dios: «¡Lo que no se deja decir, no se deja decir!» (7 de julio de 1916).

El *Diario filosófico (1914-1916)* es de la misma época que los *Diarios secretos*. El primero mucho más complejo que este del que acabamos de hablar. No en vano de estas notas sale el *Tractatus*, que terminará durante su prisión en Montecassino (1918-1919). El *Tractatus* es uno de los libros más difíciles que he leído, o al menos intentado leer, en mi vida. Apenas alcanzo a comprenderlo, con gran dolor para mí. Ni siquiera los años me han ayudado. Las anotaciones de los *Diarios secretos* fueron escritas en las mismas libretas de apuntes que el *Diario filosófico*. Las teorías sobre lógica en el anverso, las disquisiciones íntimas en su reverso. Sólo se conservaron tres libretas. En el *Diario filosófico* se encuentra su teoría de la lógica, la relación entre el mundo y su estructura lógica, los límites del lenguaje, el contenido de su verdad, los límites entre lo que puede decirse y lo que no puede ser dicho de ninguna manera, la relación entre el pensamiento y la vida, la estructura de la realidad y el lenguaje, ¿habrá relación entre lo no dicho y cierta forma de ser que no es decible?, «lo que no se deja decir, no se deja decir», sobre el silencio. Todos estos temas afectan mucho a la poesía y por eso me interesa Wittgenstein, porque es un filósofo que indaga en la lengua, sobre todo en lo que no dice o no puede decir esa lengua, esos signos, esa fonética. Si el filósofo austríaco no entendía a Trakl, tampoco yo lo entiendo a él como quisiera. No es culpa suya sino de mi deficiente preparación filosófica. No entiendo la cantidad de signos y de números que utiliza.

«El impulso hacia lo místico viene de la insatisfacción de nuestros deseos por la ciencia. Sentimos que incluso una vez resueltas todas las posibles cuestiones científicas, nuestro problema ni siquiera habría sido aún rozado...» (25 de mayo de 1915). «¿Pero es el lenguaje el único lenguaje?», se pregunta el 29 de mayo de 1915, y: «¿Por qué no ha de haber un modo de expresión mediante el que sea posible hablar sobre el lenguaje, de tal modo que éste pueda aparecérseme como en coordinación con alguna otra cosa? Supongamos que la música fuera un modo de expresión de este tipo: sería entonces de todo punto característico de la ciencia la inocurrencia en ella de temas musicales. Yo mismo no escribo aquí sino proposiciones. ¿Y por qué? ¿Cómo es el lenguaje único?». El 11 de junio de 1916 se pregunta sobre qué sabe él sobre Dios y la finalidad de la vida, y se contesta de la siguiente manera: «Sé que este mundo existe. Que estoy situado en él como mi ojo en su campo visual. Que hay en él algo problemático que llamamos su sentido. Que este sentido no radica en él, sino fuera de él. Que la vida es el mundo. Que mi voluntad penetra en el mundo. Que mi voluntad es buena o mala. Que bueno y malo dependen, por tanto, de algún modo del sentido de la vida. Que podemos llamar Dios al sentido de la vida, esto es, al sentido del mundo. Y conectar con ello la comparación de Dios con un padre. Pensar en el sentido de la vida es orar». Wittgenstein y Teilhard, a uno y otro lado de la trinchera, seguro que se hubieran entendido. Encuentro infinidad de similitudes entre ellos. Parten de la misma materia y tratan de explicarla. De nuevo, en otra larga anotación del 8 de julio de 1916, vuelve a hablar de Dios para comprender el sentido de la vida: «Creer en un Dios quiere decir ver que con los hechos del mundo no basta. Creer en Dios quiere decir ver que la vida tiene un sentido [...] y en cualquier caso somos dependientes y aquello de lo que dependemos podemos llamarlo Dios. Dios sería en este sentido sencillamente el destino o, lo que es igual: el mundo –independiente de nuestra voluntad–. Del destino no puedo independizarme. Hay dos divinidades: el mundo y mi yo independiente [...]. Quien es feliz no debe sentir temor. Ni siquiera ante la muerte. Sólo quien no vive en el tiempo, haciéndolo en el presente, es feliz. Para la vida en el presente no hay muerte. La muerte no es un acontecimiento de la vida [...] vive eternamente quien vive en el presente. Para vivir feliz tengo que estar en concordancia con el mundo. Y a esto se llama ser feliz...». La vida como obra de arte lo expresa en la nota del 7 de octubre de 1916: «La obra de arte es el objeto visto *sub specie aeternitatis;* y la buena vida es el mundo visto *sub specie aeternitatis*. No otra es la conexión entre arte y ética».

Wittgenstein murió en Cambridge. Teilhard en Nueva York. El primero pertenecía a una familia rica de judíos convertidos al protestantismo, aunque todos los hermanos fueron bautizados como católicos. Wittgenstein recibió un entierro tan católico como el de Teilhard. Probablemente ni se conocieron, ni se leyeron por las dificultades de los tiempos. «¡Diles que mi vida fue maravillosa!», dicen que le dijo Wittgenstein a su médico antes de morir. Teilhard, que murió de repente, seguramente afirmaría lo mismo. El *Tractatus* fue el único libro que vio Ludwig publicado en vida. Teilhard fue prácticamente un autor póstumo. El *Tractatus*, según puedo dilucidar, expresa la lógica como fundamento sobre la cual se alza nuestra ciencia y nuestro mundo descrito, precisamente, por nuestro lenguaje y nuestra ciencia. El pensamiento es una representación de la realidad. La realidad es aquello que se puede describir con el lenguaje. Lenguaje y mundo, aquello de que los límites de mi lenguaje son los límites de mi mundo. Lo lógico es lo que comparte el mundo, el lenguaje y el pensamiento. Hay algo inexpresable cercano a lo místico, la tarea de la filosofía es llegar hasta los casos límites del lenguaje. Decía Wittgenstein que el texto se componía de dos partes. Lo escrito y lo no escrito, esto último lo más importante. De lo que no se puede hablar, mejor callar. Leve crítica al discurso metafísico y llamamiento a cierto tipo de silencio. «¿Y qué diferencia va de esto a aquel silencio interno y místico de Miguel de Molinos, cuyo tercer grado y perfectísimo es el silencio del pensamiento?» (*Guía*, cap. XVII, p. 129), escribe Unamuno en *Del sentimiento trágico de la vida*. Gran parte de la teoría literaria francesa se basa en esa parte no escrita del texto que hay que deducir del mismo, Barthes y compañía. En *Las investigaciones filosóficas* contradijo muchos de sus pensamientos del *Tractatus*. En este segundo libro no trató de buscar las estructuras lógicas del lenguaje, sino de estudiar cómo se comportan los usuarios de un lenguaje, cómo aprendemos a hablar y para qué nos sirve. El lenguaje no sólo representa los hechos del mundo, sino que también sirve para pedir, orar, preguntar o llamar. Un lenguaje es una forma de vida social.

Wittgenstein es agotador para mí, también el cientificismo de Teilhard, pero nadie podrá decir que no los he leído, por supuesto a mi manera, a la manera de un poeta. ¿Acaso la poesía no es también una búsqueda de Dios, de lo desconocido, de lo inexpresable? Ambos me ayudan aunque a veces me confundan, me desconcierten, me sienta incapacitado para seguirles. También leí *Movimientos del pensar*, los diarios de los años treinta. Curiosamente aparece una Marguerite (la prima de Teilhard también se llamaba así) con la que podría haberse casado, aunque a él le disgusta sobremanera. Ludwig nunca asumió públicamente su homosexualidad, en estos diarios mucho más recatada que en los de la Primea Guerra Mundial. Hay otros asuntos de la vida cotidiana, reflexiones filosóficas y sobre la religión. También comentarios sobre música y obras literarias. No entiendo cómo no le gustaba Mahler, un compositor de una profundidad de pensamiento como él. El 11 de enero de 1932, estando en Cambridge, anota: «Mi trabajo filosófico me parece ahora como un desvío de lo difícil, como una distracción, como un esparcimiento al que me entrego con no muy buena conciencia. Como si fuera al cine en lugar de cuidar a un enfermo». «No puedes llamar a Cristo redentor sin llamarle Dios. Pues un ser humano no puede redimirte» (20 de noviembre de 1936). En estos diarios hay muchas referencias a la Biblia, los Evangelios y a reflexionar sobre Dios-Cristo. Wittgenstein nunca estudió filosofía, no le gustaba Shakespeare pero sí Dickens, no le gustaba Mahler pero sí Brahms. Jardinero, eremita, profesor. Quizás algún día llegue a entender todo su pensamiento, aunque yo prefiero quedarme con esa parte que no se comprende pero se vislumbra, como el silencio de la poesía que surge entre tinieblas.

2
Centenario sangriento

JEAN-PAUL SARTRE en su ensayo *¿Qué es la literatura?* comentaba que todo está escrito en los libros y basta con tenerlo presente. Que todo está escrito en los libros es una certeza bastante aceptable, no así que esa lección haya sido aprendida para no volver a caer en los mismos males. El todo está escrito quiere decir que muchas obras literarias, o artísticas, se adelantaron a su tiempo y fueron premonitorias. Pero o bien quienes las leyeron no las tomaron en serio, o bien pensaron que esa aparente ciencia ficción del futuro más inmediato no les iba a llegar. Ni en lo bueno (lo menos) ni en lo malo (su gran parte).

La Revolución bolchevique de octubre de 1917 (este año «celebramos» su centenario) fue uno de los grandes acontecimientos de nuestro mundo contemporáneo. Influyó decisivamente en los más graves y tortuosos sucesos de la historia del pasado siglo. Fue una revolución, un cambio repentino y profundo del orden político y social, y por supuesto también del económico. Todo esto fue impuesto a través de la violencia. Primero una violencia discriminada por la guerra y, posteriormente, una violencia indiscriminada sobre toda la población. Asesinar en nombre de las nuevas ideas no era algo punible sino de repente sumamente meritorio. Los teóricos de esta sublevación, que en principio tenía sus motivos, describían al antiguo régimen como una antigualla en fase de degradación, de descomposición, en medio de un apocalipsis social que únicamente podrían recuperar los jóvenes.

El mundo de la cultura contribuyó a la victoria de la revolución. Es decir, ayudó a que llegaran al poder aquellos con quienes luego discreparían. Muchos de ellos morirían por sus designios. Gorki en *El anunciador* o en *La madre*; Bely en *La paloma de plata;* Mandelstam en *El rumor del tiempo,* o Chernyshevski en *¿Qué hacer?,* instigaron a la opinión pública contra el zar y contra aquella vieja literatura (la mejor de todos los tiempos), expresión de las clases dominantes, la nobleza y la burguesía. A estos autores se unieron una legión de pintores, músicos, cineastas, gentes del teatro, etc., cuyos nombres son bien conocidos por todos. El mundo cultural ruso, coincidente con una nueva generación contestataria que surgió en los alrededores del estallido del cambio político, sintió que existía un parentesco entre la revolución política y la artística. Pero no fue así. La acción bolchevique convirtió a sus ciudadanos en una masa informe, mientras que la cultura seguía representando al ser individual libre. A Lenin le molestaban los intelectuales y al primer Trotski de

Literatura y revolución también. A éste solamente le interesaban aquellos que le fueran útiles a su acción. Derribadas paralelamente las estructuras creativas del viejo régimen, debería aparecer un nuevo arte a cargo del proletariado: un nuevo arte realista y socialista. Para Bujarin, que con el tiempo tampoco se libró de los suyos, había que manufacturar a los escritores y artistas como productos fabricados en cadena. Yo mejor diría «productos prefabricados». Curiosamente, tras el siglo de oro de la literatura rusa desarrollada durante casi todo el siglo XIX, surgió otro período extraordinario entre la Primera y la Segunda Guerras Mundiales. Los escritores y artistas rusos fueron antecesores de la revolución, colaboradores y compañeros de la misma (Mayakovski, Meyerhold, Bábel, Eisenstein, Shostakóvich...), pero luego se convirtieron en una carga para el poder establecido debido a su inconformismo. Además de los ya citados hay que añadir a Zamiatin, Yesenin, Pasternak, Malévich o Bulgákov, entre otros muchos.

Stalin finalmente acabó con todas las esperanzas al crear la Unión de Escritores Soviéticos. En su primer Congreso del año 1934 se anunció el *homo sovieticus*, encargado de «promover el bien» entre sus conciudadanos mediante el realismo socialista. Aquellos «ingenieros del alma», denominados así por Stalin, ahondando en la deshumanización del poder y de la vida cotidiana, tenían ahora la obligación de sustituir la realidad por una ficción construida según las instrucciones del partido. La mayor parte de la *intelligentsia* cultural, lo que hoy los populismos denominan «élites», fue declarada enemiga y contrarrevolucionaria. Sabemos lo que pasó: ejecuciones, encarcelamientos, abandono, exilio, destrucción de las obras y de sus procesos creativos. En definitiva, la desertización de uno de los momentos cumbres de la creación universal.

Muchas obras y autores rusos de ese infausto tiempo son conocidos, pero yo quisiera recordar aquí la novela de un autor que siempre ha pasado más desapercibido: Yevgueni Zamiatin. Como tantos otros artistas y escritores rusos, participó en la Revolución de 1905 que lo llevó a unirse al partido bolchevique. Antes de octubre de 1917 pasó por las cárceles zaristas y emprendió el exilio. Luego colaboró con la revolución pero, al poco, empieza a ver cosas muy graves. Se aleja de ella debido a las persecuciones, las constantes penas de muerte, la policía política sanguinaria, la total falta de libertades, la supresión del sufragio universal, la carencia de Constitución o de leyes, así como su aplicación discrecional. Sin olvidar, por supuesto, la censura. Zamiatin incluso llegó a afirmar que los bolcheviques se habían convertido en contrarrevolucionarios. Todo este panorama, al que él mismo buenamente colaboró, lo condujo a redactar la novela de ciencia ficción política pre-Orwell titulada *Nosotros*. Esta obra es la primera distopía o utopía negativa, provocada por la aparición del estado totalitario que Zamiatin denomina Estado

Único. Por supuesto que la publicación de la obra fue prohibida, aunque se difundió por grandes capas de la sociedad rusa de manera clandestina. Posteriormente se publicó en el extranjero, lo que contribuyó a su persecución. La novela se sitúa en un futuro lejano que ya comenzaba a hacerse presente en aquellos momentos. El argumento se enmascara bajo la historia de un ingeniero que construye una nave espacial para ir a la conquista de otros planetas y se ve inmiscuido en la revuelta que una mujer diabólica prepara en ese lugar. En esa «sociedad» futura la masa ha acaparado al individuo, que aparece como símbolo de los males del pasado. Nada individual existe: ni los afectos, ni el amor, ni los sentimientos, ni la libertad. Por esta razón el amor a una persona concreta ya no existe, ha sido sustituido por una *Lex sexualis*, «cualquier número, ya no hay nombres, puede utilizar a cualquier otro número con fines sexuales». Trotski ya había dicho que la iniciativa social despojaría a la familia de la fastidiosa labor de alimentar y criar a los hijos, así la mujer emergería por fin de su semiesclavitud.

El Estado que describe Zamiatin es una dictadura. Lo dirige un hombre al que llaman Benefactor, ideólogo y líder a la vez. Se le profesa un culto religioso (ésa es la única religión), y aquellos que manifiestan alguna discrepancia son ejecutados. Ya Dostoyevski se había referido al Gran Inquisidor. En *Nosotros* la caricaturización del personaje coincide con Lenin, más «benigno» de lo que posteriormente sería Stalin. La población de *Nosotros* vive aterrorizada por la policía secreta y adláteres. Es decir, todo el mundo tiene la recomendación de acusar a cualquier persona, incluidos familiares. Hay elecciones, pero los resultados se saben y se anuncian con anterioridad. Evidentemente las opiniones personales son una ofensa para el Estado.

Zamiatin tuvo que exiliarse en París. Tuvo suerte. Allí declaró que su libro no era únicamente un panfleto político sino también la señal de alerta sobre dos de los mayores peligros que amenazaban a la humanidad: el poder de la tecnología y el del Estado hipertrofiado. Tódorov, en su libro *El triunfo del artista*, explica muy juiciosamente que Zamiatin también criticaba al taylorismo, doctrina ultraliberal, con el que había convivido en Estados Unidos: «El nombre de Taylor se venera en el mundo de los *nosotros*. Lenin y Stalin admiraban el taylorismo, como también lo admiraban los constructivistas y Meyerhold, cuyo método biomecánico es una transposición de la teoría al ámbito de la interpretación. Al principio sólo se aplicaba al mundo del trabajo. Así se describía a los buenos obreros: 'gestos rápidos y acompasados'. Parecían los pistones de una enorme máquina. Máquinas perfectas, parecidas a hombres, y hombres perfectos, parecidos a máquinas». El ultraliberalismo se acaba pareciendo al totalitarismo comunista. Es grave sustituir el gobierno de las personas por la administración únicamente de las cosas, «de ahí se sigue el proceso de uniformización, de estandarización, de adecuación de la población al mismo modelo de comportamiento, y todo ello lleva al control del individuo y a la deshumanización de las personas», escribe Tódorov.

Zamiatin murió en París defendiendo el derecho que los intelectuales tienen para señalar las insuficiencias y defectos de su sociedad. Marina Tsvetáyeva, de las pocas personas que asistieron a su entierro, ella misma mártir, lo definió muy bien: «Como yo, él tampoco era ni vuestro ni nuestro».

Las nuevas, jóvenes, renovadoras y esperanzadoras ideas que dicen tener hoy partidos cuyo origen se remonta a más de un siglo, ¿lo son de verdad? ¿No suena todo a viejo y caduco? ¿Por qué afanarse en lo que ya fracasó, llevándose por delante a millones de personas que murieron por nada? Los intelectuales, artistas y escritores de nuestro tiempo, que aún quedan, no deben ser cómplices de nuevo. Lo que pasó volvería a pasar, pues donde no hay libertad se establece el imperio de la violencia y la muerte. Bobbio decía que prefería una mala democracia a una buena dictadura, caso de que ésta hubiera existido alguna vez, añadía. Este centenario nos debe servir, volviendo a Sartre, para tener presente los grandes errores cometidos, supuestamente ya enterrados. Bulgákov comentó que el presente era tan tremendo que se esforzaba por vivir sin fijarse en él. Y Mandelstam consideró que, por aquellos años terribles, la muerte de un artista era su último y más verdadero acto de creación. Estamos aún a tiempo de evitar comunismos apolillados y, por supuesto, ultraneoliberalismos incontrolables.

3
El nacionalismo patológico y narcisista, según Isaiah Berlin

ISAIAH BERLIN es uno de los más grandes historiadores de las ideas del siglo XX. Nacido en Letonia, emigró muy pronto a Inglaterra donde gran parte de su labor docente la impartió en la Universidad de Oxford. En el libro de ensayos *El sentido de la realidad*, nueve en total, nos ofrece una profunda reflexión sobre alguno de los asuntos que conmocionaron a una de las centurias más importantes y violentas de la historia de la humanidad, el siglo XX. Por ejemplo, al nacionalismo (en «Kant como un origen desconocido del nacionalismo») lo califica de «patológico y narcisista» por esa autoadoración de los pueblos, de la convicción de su propia superioridad ilimitada sobre los otros y el consiguiente derecho a dominarlos. Berlin añade otros dos hermanos aterradores: el racismo y el fanatismo religioso. Esta tríada había conformado alguno de los fenómenos más espantosos y bárbaros del siglo XX. Berlin, que había nacido en 1909 y moriría en 1997, hubiera comprobado hoy, dos décadas después de su fallecimiento, como no sólo estos males no se han apaciguado sino, por el contrario, desorbitado.

Los utópicos seculares y los intolerantes teocráticos han crecido a costa de la pérdida de la razón. Este conjunto de escritos fue la base de las conferencias que, en el año 1953, dio en el Smith College, Northampton, Massachusetts, bajo el título «El realismo en la historia». Berlin se detiene en la revolución romántica, una de las grandes crisis en la historia del pensamiento moderno; en el socialismo y el marxismo; en la industrialización y el desarrollo científico y tecnológico; y reflexiona sobre la trascendencia de la educación y la cultura, la libertad de expresión y la de los intelectuales: «Todos los enemigos de la libertad acechan a los intelectuales, como los comunistas y los fascistas, y los hacen sus primeras víctimas; pues son los grandes diseminadores de esas ideas críticas que, por regla, los grandes filósofos son los primeros en formular». La defensa de la filosofía y el pensamiento, Berlin la expresa de la siguiente manera: «La filosofía es el arma más segura y profiláctica, pues toda su historia es una advertencia contra la creencia de que hay preguntas permanentes y soluciones finales».

Uno de los capítulos más interesantes de este volumen es el titulado «El compromiso artístico: un legado ruso», en el cual se refiere a la gran influencia que tuvo la cultura europea sobre la de la Rusia zarista y cómo estas ideas, apropiadas luego, fueron exportadas como propias. Por ejemplo, el populismo derivado de Herder y los alemanes se mezcló con el historicismo en variante marxista. Ni Marx ni Engels eran rusos pero, sin embargo, tuvieron a su mejor representante en Lenin. El compromiso artístico salió de Rusia y se extendió por el mundo. Desde Platón se había acordado que el artista es socialmente responsable. En la *República,* Ion es un poeta visionario que sabe la verdad y habla de ella bajo influencia sobrenatural. Semidivino, es un creador emulador de Dios e inspirado por Él. Maestro de la virtud, hace sutiles las palabras útiles. Todo arte tenía un propósito más allá de sí mismo. Decía la verdad, instruía, agradaba, curaba, transfiguraba e interpretaba a Dios. El arte por el arte y la negación de su función social fue una doctrina tardía, un ensalzamiento de las propias virtudes del individuo. «El ascenso de la expresión de uno mismo con categoría dominante, ya sea individual o colectiva, frente a la búsqueda de la verdad objetiva a la que debe someterse el indagador, es, esencialmente, semejante al romanticismo, nacionalismo, elitismo, anarquismo o el populismo» escribe Berlin.

El arte por el arte nació como protesta del artista por utilizar sus recursos para propósitos ajenos. Eso expresa Goethe, en el siglo XIX, en primer lugar. Los propósitos eran de carácter político o económico. Después del año 1830 hubo una protesta contra la comercialización del arte y el mercado de masas. El romanticismo fue contra la uniformidad, las leyes, la disciplina, las reglas, el industrialismo, la política, lo religioso. Y también contra el Estado, la Iglesia, el mercado, la tradición.

El artista se convirtió en un solitario. Schiller escribió que en una sociedad dividida, en la que los hombres se han desviado de sus almas verdaderas e integrales, que una vez fueron unitarios y armoniosos, la función del arte era engañar a la naturaleza agraviada, y tratar de reconciliar a los hombres y a las sociedades con ellos mismos. Sólo el arte, sólo la imaginación, puede aliviar las heridas causadas por la división del trabajo, la especialización de la función, el crecimiento de la sociedad de masas, la creciente mecanización del hombre.

Goethe ya había defendido al arte como formación del carácter humano integral, y lo había defendido contra el utilitarismo. Por el contrario, Saint-Simon y Fourier se declararon contrarios a las teorías del arte debido a su irresponsabilidad hedonista. El papel principal del artista para ellos era la reconstrucción pacífica de la sociedad tras la revolución jacobina que había entregado a la plebe el intelecto y el talento. Saint-Simon y Fourier se refirieron siempre al arte como comunicación, como expresión de la conciencia de un hombre y sus necesidades e ideales condicionados por los de la clase a la que pertenece y las circunstancias de la sociedad en la que vive. De aquí viene la extrema readaptación marxista: la lejanía o neutralidad ante los problemas sociales era considerada frívola, egoísta, depravada.

Para los románticos el arte era una forma de salvación personal y política, pública y privada. El arte era la función sagrada de los seres espiritualmente dotados, con un discernimiento más profundo de la realidad que los científicos, los políticos, los religiosos o los pensadores. Para los románticos los artistas eran totalmente independientes, dedicados a su luz interior y a nada más, fueran o no reconocidos por los demás. Los saintsimonianos defendieron la utilidad, y otros escritores como Gautier, Musset o Mérimée arremetieron contra el utilitarismo, el realismo o el naturalismo. El arte era sólo útil a sí mismo y lo bello, un fin en sí mismo, y había que alejarse de utilizarlo como un instrumento social o político para fines ajenos a él pues era prostituirlo. En este sentido opinaban también Flaubert, Baudelaire o Maupassant. Más contemporáneamente, Eliot escribió que el artista vivía de su propio resplandor. Eliot, digno heredero de Mallarmé.

Berlin explica cómo los rusos reinterpretaron a Saint-Simon, aunque Pushkin en la primera mitad del siglo XIX había sido también un defensor del arte por el arte. Berlin se detiene en Belinski (1811-1848, crítico literario, ensayista influyente) para explicar estas dudas y contradicciones que abarcaron a la cultura rusa durante el siglo XIX y que desembocarían en la alianza del utilitarismo cultural con el marxismo bolchevique revolucionario de 1917. Belinski comenzó siendo un apasionado esteticista para luego dudar y optar por posiciones ambiguas que iban desde la defensa del arte autónomo al arte dependiente de la sociedad. Apasionado, fanático y neoplatónico, defendió un esteticismo sin problemas «cuya razón, cuya finalidad, radicaba en sí mismo». Pero, como escribe Berlin, Belinski cambió, una década después, en los años cuarenta del siglo XIX, refiriéndose a un arte como respuesta a los que claman justicia. De ahí toda la profunda deriva que desembocó tiempo después en el realismo socialista soviético: un arte al servicio del interés público totalitario.

Belinski insistió en que el arte, en su época, no era un amo sino un esclavo y servía a intereses ajenos a él: hambre de verdad, anhelo de verdad. Estas opiniones posteriormente influyeron mucho en la Revolución rusa. Belinski escribió sobre Pushkin, a quien admiraba mucho, pero en 1846, a propósito de *El invitado de piedra*, confesó que este tipo de arte no podía ser popular pues estaba escrito para una minoría. Arte, entonces, al servicio del interés público (*napravlenic)*, es decir, el arte comprometido. Para Belinski, el artista no podía disfrutar sólo él, sino extender ese disfrute comprensible a una gran mayoría. Sin él darse cuenta, sería el precursor de las ideas estéticas soviéticas basadas en la didáctica y el utilitarismo. Pero Belinski nunca fue autoritario ni totalitario. Él no enfrentó jamás a conservadores con progresistas, pero luego la doctrina del compromiso social fue políticamente represiva porque fue contra todo aquel arte que no se sujetara a las expectativas sociales. Belinski no instó nunca al control social o político o al patrocinio estatal del arte. Cada vez más se inclinó hacia las ideas de Saint-Simon que lo acercarán a Turguénev, Tolstói, Mijailovsky o Plejánov. Belinski no iba contra el arte puro sino que afirmaba que éste era imposible en su época debido a las difíciles condiciones de vida existentes. Pero él siempre estuvo desgarrado entre ambos polos, como crítico literario que era. Las injusticias, la miseria y la arbitrariedad lo angustiaban. Pero también era consciente de que si la obra literaria no tenía ningún mérito artístico, entonces, por buenas que fueran sus intenciones, sería otra cosa, pero nunca una obra literaria. Belinski jamás confundió el arte con la propaganda, aunque la cultura soviética trató de interpretarlo hacia sus ideales. Belinski odiaba todo lo que se interponía entre el escritor y su objeto, lo arcaico, lo regional, el romanticismo sentimental, las culturas exóticas, el pasado eslavo.

Este vivir en contradicción entre el arte puro y el social también lo sufrió Turguénev, pues aunque detrás de sus novelas está permanentemente presente la cuestión social (*En la víspera, Tierras vírgenes, Padres e hijos*), siempre estuvo cerca de los ideales del arte puro en contra de aquellos que insistían en el utilitarismo del arte, su subordinación a la política, a la ciencia, a la ética, porque el primer objetivo del arte era la acción, la transformación de la sociedad, la creación del nuevo hombre socialista. Lo mismo le sucedió a Tolstói, que pasó de la pasión por el arte puro a su utilidad y acceso a todos los seres humanos. Tolstói durante los últimos años de su vida luchó contra todo lo que de artificial había en la literatura en favor de la franqueza, la simplicidad y la claridad.

Como escribe Berlin, la colisión entre las exigencias del arte y las exigencias de la sociedad no terminó simplemente en el caso Belinski, con la victoria de esta última, dando origen, así, a la clara tradición radical de Chernyshevski y Písarev o Plejánov, más otros muchos epígonos marxistas, sino que su disputa se trasladó a todo lo largo del pasado siglo. El caso es que los artistas y los escritores rusos quedaron atrapados entre dos fuegos. Muchos incluso morirían por defender sus posiciones.

4
La civilización no es tan estable que no pueda disolverse

BERTRAND RUSSELL (1872-1970) fue filósofo, ensayista, teórico de la política y la educación, matemático y un sinfín más de cosas que le hicieron ganar el Premio Nobel de Literatura en 1950. Fue también un activo ecologista, contrario al desarrollo nuclear y pacifista en la guerra del Vietnam. Russell al principio no se opuso a la Revolución rusa sino que la recibió con esperanza, hasta que, en el año 1920, viajó a este país y se dio cuenta de la deriva que estaba tomando. Una deriva dictatorial y totalitaria. Como resultado de esta amarga experiencia escribió un libro titulado *Práctica y teoría del bolchevismo*. Después, *Viaje a la revolución* se basa en la segunda edición, revisada por el propio autor, de ese libro, al que se le añade un diario inédito de aquellos días, así como las cartas que le envió a su amante, la actriz Colette O'Niel.

¿Qué valor tiene hoy un ensayo escrito hace un siglo, además sobre un momento histórico tan estudiado? En primer lugar, Russell fue un testigo de excepción de aquellos momentos históricos que cambiaron la faz del siglo XX. En segundo lugar, Russell fue un pensador cercano al socialismo, por lo que sus dudas sobre el régimen bolchevique adquieren más fuerza. Pero sobre todo, y en tercer lugar, este libro advirtió a los ingleses y los europeos de lo que iba a suceder y sucedió. Esa misma renovada advertencia nos hace a los lectores de hoy previniéndonos de los populismos. Podemos leer el libro con la mentalidad de aquel tiempo, pero creo que es mejor hacerlo con la mentalidad de nuestros días de nuevo insertos, inserta Europa, en los populismos de uno u otro signo y los nacionalismos, compañeros de viaje hacia el totalitarismo final. Esto es lo más importante de este libro.

La Revolución, como los populismos actuales, creó una esperanza, creó una ilusión que luego se convirtió en trágica al someter el intelecto humano al yugo «de un sacerdocio ignorante e intolerante, a degradar el arte y extinguir la ciencia durante mil años». Russell se espanta del sectarismo, el fanatismo, la violencia y la crueldad con que rigen el país los nuevos gobernantes, aquellos que habían prometido acabar con las injusticias provocadas por los de siempre. Así lo hicieron, pero ellos crearon otras nuevas. El bolchevismo fundó una nueva religión y, a través de la misma, luchó por el final de la injusticia del rico sobre el pobre, el final de la esclavitud económica, el final de la guerra, la compatibilidad entre la industria y el ser humano, y un largo etcétera de mejoras; pero por encima de todo ello instaló una gran losa, al Partido Comunista y a sus burócratas. La dictadura del proletariado fue una nueva forma de gobierno representativo, en la que únicamente tenían voto los hombres y mujeres que trabajaban, y los grupos de votantes se constituían con criterios que en parte eran profesionales y no geográficos. Para Russell, los bolcheviques, el proletariado, significaba proletariado, mientras que dictadura no significaba exactamente dictadura, sino una especie de nueva, diferente, modernizada democracia de los menos favorecidos.

Como en nuestros días hacen de nuevo los populistas y los nacionalistas, los bolcheviques se dedicaron con esmerado esfuerzo a desacreditar el parlamentarismo democrático y a la propia democracia. Russell confiesa que los parlamentos democráticos y las propias democracias no son perfectas, pero sí la forma de regirse más justa: «Las razones de que se abogue por el autogobierno son muy conocidas: primera, que no se puede confiar en que un déspota benevolente conozca o fomente los intereses de sus súbditos; segunda, que la práctica del autogobierno es el único método eficaz de educación política; tercera, que tiende a poner la preponderancia del lado de la Constitución y a promover así el orden y el gobierno estable...». En Rusia el autogobierno había desaparecido, excepto dentro del Partido Comunista.

La demolición del capitalismo produjo un colapso en la industria. Y lo mismo pasó con la progresiva destrucción del socialismo en favor del comunismo. «Es posible que el comunismo ruso fracase y se hunda, pero el socialismo no morirá.» El socialismo democrático sí murió en la Rusia soviética, lo mismo que hoy se afana por no ser destruido por los populismos de izquierda. Russell se asombra de esta nueva fe religiosa comunista, fanática, sectaria y asesina. Y curiosamente compara el bolchevismo con el islamismo. Según él, ambos son prácticos, sociales, no espirituales, y se interesan por conseguir el imperio de este mundo. Russell se asombra de un gobierno que abole la división de poderes y que destituye a los funcionarios por votación popular. Russell se asombra de la triste vida cotidiana de los ciudadanos permanentemente vigilados. El movimiento revolucionario no sólo atrajo al proletariado sino a otros estratos sociales más acomodados, a quienes prometió compensaciones que luego no cumplió. Entre los peor parados estarían los escritores, artistas, intelectuales, educadores, periodistas, profesionales, etc. Quizás fueron de los que más ayudaron a que la revolución llegara, y la propia revolución se los llevó por delante.

Pero Russell, que nos previene de la dictadura comunista, también lo hace del nacionalismo, más implicado en los sentimientos individuales y colectivos. Todos los políticos habían prometido su temporalidad al frente de la revolución, pero el poder se les hizo dulce y casi nadie renunció voluntariamente sino de manera violenta. Las guerras fratricidas dentro de la élite del poder le asombran por su radicalidad y crueldad. Los bolcheviques tomaron la educación y la prensa. La educación para regir las mentes de sus ciudadanos, y la prensa para controlar la opinión pública. Aquí Russell ve muchas similitudes con el control ultracapitalista norteamericano (con el cual también es muy crítico). Ambos, ultracapitalismo y comunismo, sacrifican al individuo. El primero más suavemente dándole otras posibilidades; mientras que la segunda ideología lo utiliza como un pelele: «El gobierno en manos de hombres despiadados, que por naturaleza no tienen amor a la libertad y que no consideran importante acelerar la transición de la dictadura a la libertad». Para Russell no había (ni hay, ni habrá) déspotas virtuosos.

Populismos y nacionalismos de hoy, como los de antes, pusieron y ponen en peligro a la civilización, pues, como muy bien escribe el premio Nobel, «la civilización no es tan estable que no pueda disolverse; y de una situación de violencia sin ley no debe esperarse que resulte ninguna cosa buena. Por esa razón, si no por otra, la violencia revolucionaria en una democracia es infinitamente peligrosa». Tomemos buena nota de todos estos comentarios de Russell, tan actuales, significativos e ilustrativos.

5
Esclavos de la libertad

HACE ALGÚN TIEMPO estaba previsto el estreno en Moscú de la película *La muerte de Stalin*, de Armando Iannucci, que ahora se acaba de mostrar en nuestros cines. Cinta interesante, demoledora y sarcástica sobre la muerte de uno de los mayores asesinos de la historia universal. El ministro de Cultura ruso primero desaconsejó la proyección de la misma afirmando que existía un límite moral entre el análisis crítico de la historia y el escarnio. Pocos días después, el consejo se convertía en censura. La película era prohibida para proteger a los ciudadanos rusos de los elementos extremistas, en un episodio más «de la guerra ideológica de Occidente contra Rusia». Nos imaginamos en Europa qué hubiera pasado si se prohibiera la proyección de una película de las mismas características, y ha habido muchas, sobre Hitler, Mussolini, Franco o cualquier otro dictador. Este suceso dice mucho del poco avance que ha experimentado este país en la revisión de aquella época violenta. Quizás sus dirigentes actuales deberían haber leído, por ejemplo, estos libros de Vitali Shentalinski: *Esclavos de la libertad, Denuncia contra Sócrates* o

Crimen sin castigo, en los cuales, a través de miles de informes clasificados y documentos secretos, se reconstruyen los procesos que destruyeron las vidas y carreras de tantos millones de personas inocentes. En *La palabra arrestada* se selecciona y actualiza, de estos anteriores volúmenes, los juicios a algunos de los más grandes escritores de la época, tales como Bábel, Mandelstam, Bulgákov, Tsvetáyeva, Platónov, Ajmátova, Gorki o Pasternak.

La persecución a los escritores, artistas e intelectuales, algunos de los cuales habían sido ideólogos y promotores de la Revolución, comenzó con ella misma. Aunque Lenin siempre ha pasado por más transigente que Stalin, no fue así. Sólo una permanencia menor de tiempo en el poder aminoró el número de perseguidos por uno u otro (Stalin). Por ejemplo, Lenin quiso involucrar a Gorki para que diera su visto bueno a las detenciones de intelectuales. Le envió una carta amenazante donde le decía que «las fuerzas intelectuales de obreros y campesinos crecen y se fortalecen en la lucha para derrocar a la burguesía y sus cómplices, los intelectuales, los lacayos del capitalismo, que se consideran el cerebro de la nación. En realidad no son el cerebro sino la mierda». Gorki, en su lucha dialéctica con Lenin, fracasará en el intento de poner la cultura fuera del alcance de la Revolución. Y también fracasará con Stalin, su verdugo. Lo sacó de su exilio en Italia, le entregó una preciosa casa en Moscú, lo halagó, pero seguía siendo una persona complicada para él. De todas formas, Shentalinski da otra versión más dura y cómplice de Gorki con el poder: «Hoy podemos afirmar que la versión según la cual en 1937 Stalin apartó de la circulación a Gorki porque éste se oponía a la violencia y se había convertido en un estorbo es absolutamente falsa». Según el historiador, apoyó la pena de muerte y no hizo nada por muchos de sus compañeros.

Durante los años del poder soviético más de dos mil escritores fueron detenidos y más de mil quinientos fueron asesinados por acción u omisión. Asesinados directamente (Bábel) o suicidados, maltratados, abandonados, aislados, marginados (Mandelstam, Bulgákov, Tsvetáyeva, Platónov). Ajmátova sobrevivió en circunstancias extremas y respecto a Gorki todavía no se sabe muy bien quién fue la mano que meció su cuna. Mandelstam murió en un campo de concentración debido a las penalidades. Bulgákov, declarado hostil a la revolución soviética, dejó simplemente de existir, como Platónov que murió de tuberculosis. Tsvetáyeva, un personaje de *Las troyanas*, de Eurípides, se suicidó porque ya no podía más. Y Ajmátova vivió en permanente prisión domiciliaria en una habitación miserable de Fontanka, en San Petersburgo.

Sólo en 1988, a muy duras penas, se creó la Comisión para el estudio del legado literario de los escritores represaliados. Y hasta finales del siglo pasado la mayor parte de ellos no fueron rehabilitados. Desde mediados del siglo XIX hasta mediados del siguiente siglo, Rusia primero y luego la URSS, vivieron su siglo de oro de la cultura. Algunos de los más grandes escritores y artistas nacieron y desarrollaron su obra durante esos años. Los autores aquí citados son una mínima muestra de la brillantez de aquel período. La revolución no sólo destrozó sus vidas sino que destruyó gran parte de sus obras. Muchos autores tuvieron que quemarlas para sobrevivir o fueron confiscadas por la policía política. También muchos artistas tuvieron que cambiar su estilo para adaptarse al realismo socialista ensalzador y publicista del comunismo.

Durante los años de la URSS, las delaciones, detenciones, torturas, destierros en los *gulags* o fusilamientos eran algo habitual. Los juicios se hacían sin ninguna seguridad jurídica, y los interrogatorios para forzar la voluntad de las personas eran algo normal. Quienes eran condenados y fusilados a veces tenían mejor futuro que otros que eran aislados de la sociedad, arrebatándoles sus obras, sus derechos de autor, sus domicilios y abandonándolos a la miseria y la indigencia. Y esto no era únicamente una pena individual, sino que se extendía a sus familiares más allegados y a los amigos.

Otra cosa curiosa es que Stalin estaba al tanto de todo. Leía, asistía a conciertos y demás representaciones culturales, escribía y criticaba a su clase intelectual y artística. Los vigilaba telefoneándolos directamente, amenazándoles u obligándoles a escribir otras cosas. Ningún dictador de su categoría asesina jamás hizo semejante cosa. En vez de proteger a este ingente número de grandes seres humanos (algo que era realmente incompatible con la ideología que representaba), los fue delatando y asesinando uno a uno. Lo que quedó fue la mediocridad de escritores que hoy carecen de cualquier valor o interés literario. Incluso alguno interesante como Mijaíl Shólojov, autor de *El Don apacible* (Premio Nobel de Literatura). Pasternak también consiguió el galardón con *Doctor Zhivago,* pero tuvo que renunciar a él por presiones políticas. La colaboración entre la Unión de Escritores y la KGB fue total, y en este sentido los mayores culpables de las desgracias de la intelectualidad soviética fueron los propios compañeros de profesión. Manuscritos, bibliotecas, correspondencia, todo fue arrasado. Eso sí, se creó un nuevo género: el de la confesión obligatoria a través de las torturas y las amenazas.

Desde 1939 a 1954 no se supo nada de Bábel. Todo su trabajo requisado. Torturado. Se le acusó de trotskista, enemigo del pueblo, enemigo del realismo socialista, espía francés. Beria ideó una organización antisoviética para eliminar a los escritores más conflictivos como él. Mandelstam fue apoyado por Bujarin, quien le dijo a Stalin que los poetas siempre tenían la razón y que la historia estaba de su parte. Nikolái Bujarin fue ejecutado y Mandelstam comenzó su viacrucis hasta su muerte en el *gulag*. Pasternak dudó ante la pregunta de Stalin. Debió contestar que Mandelstam era un gran poeta. Luego rectificó pero ya era tarde. Bulgákov escribió: «Fíjate lo bien que van las cosas, que no deseo nada más que la muerte». Entregó su diario, lo fotografiaron, se lo devolvieron, lo quemó y, afortunadamente, décadas después aparecieron esas fotografías en la KGB y se pudo reconstruir. Gorki intentó salvarlo pero Stalin atacó al autor de *El maestro y Margarita* en la prensa. Bulgákov pidió emigrar. Stalin lo convenció para que no lo hiciera. De nuevo Stalin en el *Pravda* escribió contra Bulgákov acusándolo de defender el arte por el arte. Nunca fue detenido: se le dejó sin trabajo, vigilado, sin medios económicos, mendigó hasta su muerte. Fue declarado hostil a la URSS. Las penalidades de Tsvetáyeva la enloquecieron. Platónov era una de las lecturas habituales de Stalin. Le desagradaba su obra. A pesar de arrepentirse, fueron requisados sus manuscritos. Vigilado, aislado, marginado, sin recursos, en la miseria, malvivió en la calle y murió de tuberculosis. Ajmátova también era leída por Stalin. Él la definió como «mitad puta, mitad monja». Sufrió tremendamente por su familia y por su propia vida y obra. Vivió siempre bajo amenazas. En *Réquiem* pregunta en uno de sus versos: «... quién es el animal, quién el ser humano».

6
Aniquilar las ideas contrarias

La Chetham's Library de Manchester fue fundada a finales del siglo XVII. Es la biblioteca pública más antigua de Gran Bretaña. Fue creada por un rico comerciante llamado Humphrey Chetham. Cuando la visité, hace años, continuaba tal cual. El director de entonces, que me acompañó en la visita, me enseñó los numerosos volúmenes relacionados con España así como la antigua sala de lectura. Recoleta, tiene un pequeño balcón que da a uno de los patios. Dos bancos y una mesa la abarcaban. El director, señalando todo este espacio, me comunicó que allí habían trabajado Engels y Marx. Durante el tiempo en que el primero vivió en Manchester, Karl Marx lo visitó con frecuencia. Engels trabajó en la empresa algodonera de su padre desde 1842 hasta 1869. La primera visita del filósofo alemán se produjo en el verano de 1845. Como Engels cuenta en el prólogo al libro de Marx *La pobreza de la filosofía* (1847), éste recorrió las salas de lectura del Museo Británico, las de París, Bruselas y, por supuesto, estas de Manchester. En una carta dirigida a su amigo, Engels recordaba, en 1870, las veladas transcurridas aquí: «En los últimos días he vuelto a pasar mucho tiempo sentado en la mesa de la sala en la que estuvimos sentados hace veinticuatro años. Me gusta mucho ese lugar. Con las vidrieras (dañadas en 1975), parece que siempre hace buen tiempo allí...». Los mismos muebles de roble, las mismas decoraciones.

De pronto aparecieron unos bedeles trayendo en unas carretillas algunos de los muchos libros que ambos filósofos utilizaron. La lista sería larga, pero la tengo. Sentí cierta emoción al tenerlos en mis manos. Esa sensación se derrumbó cuando el director me preguntó si las ideas de tan ilustres lectores habían sido buenas para la humanidad. ¿Qué responder? Las ideas, las teorías políticas o filosóficas, no son ni buenas ni malas en sí mismas, pero sí su aplicación. Las ideas de Engels y Marx responden a un tiempo en el que el capitalismo industrial había llegado a un punto insostenible para la población más desfavorecida. En este sentido quizás esa crítica, al día de hoy, aún puede tener algún sentido, pero vivimos ya desde hace muchas décadas en países democráticos que han superado la confrontación entre clases sociales y han distribuido la riqueza de una manera mucho más equitativa. El marxismo, ya sin su creador, fue una metafísica, una religión en la que también la fe se anteponía a cualquier otra cosa. El paraíso no sólo se podía conseguir en el cielo sino en la tierra, y esto había que lograrlo a toda costa aunque para ello hubiera que utilizar la violencia. El joven Marx, en una nota sobre la esencia de la nueva crítica activa, escribió que ésta no quiere rebatir su objeto, sino aniquilarlo. Aniquilar el conjunto de ideas contrarias y también a los otros grupos sociales.

El extremismo fue el *modus operandi* de los radicalismos del siglo XX iniciados a finales del anterior. La verdad de lo real tenía que imponerse a lo todavía viejo existente. ¿Era Marx un violento, un incitador a la violencia? Tanto en el *Manifiesto comunista* como en *El capital* subyace esta posibilidad: la lucha de clases como motor último para cambiar la historia. Suplantar una libertad burguesa, que posteriormente se fue extendiendo al resto de la sociedad, por otra en manos de las masas y sus agitadores. ¿Acaso la libertad se puede entender de otra manera distinta a la que vivimos? ¿Incluso se puede vivir sin libertad? Prueba de ello fue la URSS. ¿Fue una interpretación correcta y exacta de Marx? Marx, de haber asistido a la Revolución rusa y sus consecuencias, ¿habría respaldado y defendido los asesinatos y las persecuciones que se llevaron a cabo en su nombre? Sloterdijk escribe en *¿Qué sucedió en el siglo XX?* que Lenin no sabía que estaba poniendo en práctica a Sade, en que el advenimiento de lo real se presenta como reino venidero del crimen: «Sade es el *genius* oculto del radicalismo moderno porque fue el primero en demostrar que los activistas de los siglos XIX y XX van a representar su matrimonio con el propio eficiente de la realidad. No sólo hay que cometer crímenes sino ser un maestro del crimen». Sea como fuere, a la vista tenemos los resultados catastróficos. Apenas se avanzó y los millones de asesinados siguen aún clamando justicia. Marx, sin embargo, nos guste o no, es un pensador importante al que es inevitable recurrir para su estudio y estar junto a él o contra él, pero siempre es un referente. ¿Marx es un científico de la ciencia política? ¿Marx es un pensador y filósofo con todos los aciertos y desaciertos de tantos otros? Afortunadamente, y cada vez más, a Marx sólo se le lee en las universidades y se le cita en ensayos especializados. Ni siquiera los populismos de izquierda lo mencionan ya en sus discursos. Por algo será.

7
Por una democracia ecológica

Peter Sloterdijk (Alemania, 1947) es uno de los grandes filósofos contemporáneos. En *¿Qué sucedió en el siglo* XX*?* reúne un grupo de conferencias dictadas entre los años 2005 y 2014. En ellas, el catedrático de Filosofía de la Cultura analiza lo que fue el siglo pasado y lo que debería ser el presente. Y lo hace no a través de la historia sino de las ideas. Sloterdijk concluye que habría que dar un giro total al rumbo de la existencia en todos los campos, desde la economía hasta la política, comenzando por respetar y cuidar a la naturaleza a punto de extinguirse.

Los problemas ecológicos de la humanidad son evidentes. La ganadería ha ayudado a la creación del gas invernadero, así como las desforestaciones, la construcción de máquinas, la ingeniería. La Revolución industrial y el capitalismo extremo nos han conducido al rápido consumo de muchos de nuestros recursos, además no empleados para algo bueno sino, sobre todo, para guerras y conflictos. Hoy comprobamos que estos recursos terrestres son finitos y no ilimitados. La naturaleza ha sido destruida por el ser humano. Antes se hablaba del «dominio» de la tierra, ahora de la «sostenibilidad»: la posibilidad de mantener abierto el proceso civilizatorio y asegurar su continuidad. Hay que evitar la autodestrucción, los dispendios, la tierra quemada para el futuro. El ecologismo para Sloterdijk es la religión más necesaria. Una religión de paz. «Por eso Marx y Engels, en armonía con el espíritu de su tiempo, pudieron afirmar: 'Nosotros sólo conocemos una ciencia, la ciencia de la historia'.» Este comentario Sloterdijk lo saca del libro *La ideología alemana*. A los ojos de ambos filósofos, la historia humana representa nada más que un caso particular de la historia natural, en tanto que el ser humano es el «animal» que tiene que asegurar su propia existencia por la producción. Lo que denominamos la «naturaleza» interior del ser humano sería lo que Spinoza llamó el impulso (*conatus*) a la autoconservación a cualquier precio, que imprime en toda vida la forma de la huida hacia delante. La injerencia del ser humano en la historia de la naturaleza demuestra, para Sloterdijk, que la intuición originaria de Heidegger de concebir el ser como tiempo era fundamentalmente correcta, aunque en ella faltaba un elemento esencial: que el tiempo sólo se hace ostensible como tiempo cuando se le estorba en su transcurso regular.

El filósofo alemán habla de una ética global de la moderación, así como de un socialismo climático, aunque él mismo reconoce que ambas ideas son ilusorias. No sólo tienen en su contra toda la fuerza impulsora de la civilización, sino que contradicen también la comprensión de las fuerzas matrices de las grandes culturas, porque éstas no son imaginables sin la conjunción entre el impulso al automantenimiento y la voluntad de autosuperación. La superabundancia, el derroche y el lujo han ganado derecho de ciudadanía. Los seres humanos de las naciones ricas consideran el bienestar y sus premisas técnicas como conquistas que ya no abandonan. Y así, paso a paso, la tierra va camino de su agotamiento. Es urgente establecer límites sobre el permanente impulso a su superación. Es desesperada también la situación climática, vivimos ya en una etapa inicial de supervivencia.

La civilización para Sloterdijk sólo se ha desarrollado a medias. No se inculcó el respeto a la naturaleza y tampoco a las otras culturas. La domesticación del ser humano sigue incompleta porque a menudo las culturas concretas no se colocan bajo un techo común, sino que constituyen entornos mutuamente extraños, y no pocas veces enemigos, por ejemplo la guerra religiosa. Creencias religiosas como el budismo o el cristianismo, o filosofías como el estoicismo, situaron al ser humano como ciudadano del universo (*kosmopolités*) y no simplemente como perteneciente a su comuna étnica originaria. No fue un regreso a lo salvaje, al primitivismo, aunque hubo eremitas en estos tres movimientos, ni una ruptura con los ordenamientos simbólicos de los pueblos. Su papel ahora debería ser insistir en el cuidado de nuestra parte panteísta, porque sin naturaleza tampoco habrá ser humano. Ante las guerras y la destrucción sistemática de la tierra hay que ser más pacíficamente beligerantes.

¿La humanidad puede domesticarse a sí misma? Parece ser que en esta primera mitad del siglo XXI no va a ser así pues apenas se notan variaciones con respecto al siglo pasado. Eso sí, avances destructivos en todos los frentes: políticos, económicos, culturales... La segunda mitad del siglo veremos si no sirve de escarmiento. ¿Qué sucederá con millones de jóvenes de África, Asia o la propia Europa transmigrando de un lugar a otro? Globalización y éxodo en busca de fortuna, huida de la miseria local. El descontrol civilizatorio puede haber llegado al fin. Echo de menos en estos magníficos ensayos la reflexión del papel que están teniendo y tendrán las nuevas tecnologías.

¿Qué sucedió en el siglo XX? Se constató el desmoronamiento de las tradiciones izquierdistas. ¿La izquierda se desmoronará en el Leteo capitalista? Al siglo XX le caracterizó la pasión de lo real y la actual modernidad sólo puede entenderse como una época de lucha por una nueva determinación del sentido de realidad. En este siglo deberíamos desprendernos del dogmatismo de lo «pesado». Entiendo que Sloterdijk se refiere a las grandes doctrinas magmáticas de derechas e izquierdas. «Hablo de la agonía de la creencia en lo pesado, que desde el siglo XIX se manifiesta constantemente en nuevos espasmos, nuevas reacciones, nuevos fundamentalismos», escribe el filósofo alemán. Y esas doctrinas llevaron a violencias. El joven Marx, en una nota muy significativa sobre la esencia de la nueva crítica activa, escribió que ésta no quiere rebatir su objeto sino aniquilarlo. El siglo XX utilizó las ideologías para destruir al ser humano que no las compartiera. Y el marxismo tuvo en Lenin a un verdugo y en Stalin a un asesino. ¡Qué decir de la extrema derecha! Sloterdijk llega a escribir que «lo que Lenin calla o no sabía es que el maestro pensador de esa tendencia fue el marqués de Sade, en el que el advenimiento de lo real se presenta como reino venidero del crimen. Sade es el *genius* oculto del radicalismo moderno porque fue el primero en demostrar que los activistas de los siglos XIX y XX van a representar su matrimonio con el principio eficiente de la realidad». El siglo XX fue el de los extremismos llevados a la práctica. Y no sólo lo fue en la primera parte de él, en la segunda tomó el relevo la Revolución Cultural china de Mao y sus discípulos en otros países del contorno. Radicalismo y fundamentalismo se han extendido también en los inicios de nuestro actual siglo. El yihadismo es una prueba de ello, a pesar, por ejemplo, de las críticas marxistas a las religiones.

Pero los enemigos de Marx ya no son los mismos, o lo son pero se han metamorfoseado, incluso a peor. Aquellos proletarios ya son casi burgueses, y los burgueses cada vez más van camino de una nueva proletarización. Y aquellos derrochadores a los que se refería Marx son hoy grandes multinacionales que superan en fuerza de influencia y económica a la mayoría de los estados. Las ideologías hoy deben ser moderadoras, tanto de la derecha moderna como de la izquierda socialdemócrata. Moderadoras de los extremismos, de las fracturas civilizatorias, de las guerras y exterminios, del peligro atómico. No deben volver a producirse los cien millones de muertos provocados por el experimento inspirado en Marx, ni el holocausto igualmente terrible provocado por los fascismos. La actual modernidad sólo puede entenderse como una época de lucha por una nueva determinación del sentido de realidad.

El ensayo de Sloterdijk sigue por otros muchos derroteros: la interpretación de los sueños a través de Derrida; la política de Heidegger: posponer el final de la historia; o una maravillosa reinterpretación del *Decamerón* y la *Odisea*. Derrida se debate contra el arquetipo de la muerte: «No he aprendido a aceptar la muerte». Derrida quiere, como el José del mundo poscomunista, integrar los restos espectrales del marxismo en una nueva función soñadora legítima. La posibilidad de lo imposible sólo puede soñarse; sólo puede existir como soñada. Aunque el filósofo francés también afirma que «lo imposible es la figura de lo real mismo». Para Sloterdijk, el *Decamerón* de Boccaccio (siglo XIV) se dirige a un público femenino con la intención, expresamente formulada, de procurarle curación de la peor enfermedad de las mujeres: la melancolía. Surge de la fijación de los pensamientos en un objeto inalcanzable. Para curarla hay que reorientar las ideas a otros objetos positivos y accesibles. El *Decamerón* como ciencia poética de las mujeres. Cien novelas cortas o novelitas atravesadas de fábulas, parábolas e historias. Odiseo es un personaje de cientos de años cuya experiencia vital aún está vigente. De uno de los cantos surgen estos versos que hoy nos podemos aplicar a nosotros mismos: «Una vez despierto, comencé a cavilar en sano ánimo aún: / si debería saltar del barco y desaparecer en el mar, / o seguir en vida aguantando callado. / Elegí aguantar y seguir».

8
De nada vale el progreso sin la ética

ALDOUS HUXLEY (1894-1963) es uno de los grandes escritores ingleses que, entre nosotros, lleva muchas décadas olvidado. Nieto del biólogo T. H. Huxley y bisnieto del gran poeta Matthew Arnold, estudió en Eton y Oxford, donde se graduó en Literatura inglesa. En 1928 publicó su novela *Contrapunto,* una sátira contra su sociedad contemporánea; luego *Un mundo feliz* (1932), una feroz crítica contra la deshumanización de la ciencia; en *Ciego en Gaza* (1936) reflexionó sobre el misticismo y la filosofía oriental; y *La isla* fue su última novela de carácter utópico (1962), publicada coincidiendo con su propia muerte. Vivió los últimos años de su vida en California trabajando como guionista para Hollywood. En ensayos como *La filosofía perenne, Las puertas de la percepción* o *Cielo e infierno,* indagó en la filosofía de las religiones y sus experiencias con las drogas.

La situación humana reúne las conferencias que dio durante el año 1959 en la Universidad de California. En total son dieciséis conferencias que tratan, principalmente, de la relación del ser humano con su entorno natural, la ciencia y las nuevas tecnologías, la cultura, la política y el futuro de la humanidad. Para Huxley es el elemento más importante para la formación del individuo y debía responder a estas preguntas que él enumera: ¿Quiénes somos? ¿Qué es la naturaleza humana? ¿Cómo deberíamos relacionarnos con el planeta? ¿Cómo podemos convivir con nuestros semejantes? ¿Cómo desarrollar nuestras potencialidades? ¿Cuál es la relación entre lo innato y lo adquirido? Huxley se refiere a los maestros como *pontifex*, constructores de puentes. Aunque él afirma que la palabra exacta podría ser *puntifex*, el que hace los sacrificios propiciatorios. Sea un significado u otro, es quien une lo material y lo espiritual, lo humano y lo divino. La función de un profesor o la de un escritor es construir puentes entre el arte y la ciencia, entre lo observado y la experiencia, entre la moral y la técnica. El artista o el escritor es quien encuentra la manera expresiva para hacer conocido e interesante lo que previamente era desconocido o carecía de interés.

Para Huxley, y en esto insiste mucho, el proceso científico es intrínsecamente un proceso ético, algo en lo que incluso en nuestros días se sigue sin incidir en ello. Y también adelantaba que el problema del futuro, o uno de los graves problemas del futuro, sería el desarrollo de la tecnología al margen de la moral y la ética. Para él, el ser humano no iba por un lado y el desarrollo científico por otro, sino que el segundo debe servir siempre al primero, de no ser así no tendría sentido. Los fines económicos no debían superponerse a ambos.

Su preocupación por la destrucción de la naturaleza la ejemplifica en la desaparición de los bosques de cedros del Líbano. «Se llenan de savia los árboles del Señor, los cedros del Líbano, que él mismo plantó» (Salmos 104: 16). Y también insiste en la destrucción de la fauna y la desaparición de muchas especies ya irrecuperables. Se alarma del consumo ingente de recursos de la naturaleza. Se pone de parte de Caín, un agricultor, frente a Abel, un pastor. Las cabras y las ovejas destructoras de la agricultura. Critica a la Mesta española como culpable de la desertización de España que duró tres siglos. ¿Cuál debe ser la relación del ser humano con el mundo en el que vive? Tratarlo igual que quisieras que te trataran a ti. Evitar con la naturaleza nuestra arrogancia, engreimiento, orgullo y poder. Para Huxley es muy significativo el que ya no existan pintores paisajísticos como Constable o Turner, ni siquiera impresionistas, una muestra de la pérdida de influencia de la naturaleza sobre nuestra vida cotidiana.

El autor de *Un mundo feliz* detesta el nacionalismo. Para él la guerra estaba condicionada por los sistemas de símbolos y en el mundo contemporáneo ese sistema simbólico era el del nacionalismo, una suerte de «teología», un sistema de conceptos, ideales y mandamientos éticos basados en el apego natural e instintivo al lugar de origen y a las personas familiares, pero extendido más allá de ambas cosas mediante nuestra capacidad de abstracción y generalización. «El nacionalismo utiliza todos los recursos de la educación para crear una lealtad artificial hacia lugares que el individuo apenas conoce y hacia gente que no ha visto jamás», subraya el escritor inglés. ¿Cómo se puede definir una nación? No se puede decir que consista en una población que ocupa una única área geográfica (Pakistán). No se puede decir que consista en el uso de una sola lengua, pues hay muchas naciones en las que la gente habla diversas lenguas (Suiza, Canadá, China, India, etc.). Tampoco se puede basar en una sola estirpe racial. ¿Qué es una raza? Huxley entonces nos sorprende refiriéndose a la extinta Liga de Naciones, y da por supuesto que esta definición fue adoptada por las Naciones Unidas (yo no lo he podido comprobar), que una nación es «una sociedad que posee los medios para librar una guerra». Por lo tanto un territorio, por pequeño que sea, si tiene un ejército y material bélico es una nación, «pero una inmensa unidad geográfica con una vasta población, como California, no lo es». Huxley hace un repaso histórico al concepto de nación desde la Revolución francesa y se detiene en el análisis del proceso independentista hispanoamericano. Después de trescientos años de paz entre los súbditos del rey español, el proceso independentista condujo a una guerra civil y a numerosas guerras tremendas entre los estados republicanos constituidos.

En 1862 lord Acton dijo, y subraya Huxley, que el nacionalismo no buscaba la libertad ni la prosperidad, sino que tan sólo pretendía que la nación, una suerte de idea abstracta, se convierta en la norma y el molde del Estado político. Y el resultado siempre ha sido la ruina, no sólo material sino también moral. Lo peor del nacionalismo, y para Huxley lo era casi todo, se basaba en el fervor cuasi religioso que obligaba a quienes creían en su teología a hacerse la guerra los unos a los otros y a prepararse continuamente para dicha guerra, que siempre ha llevado a la destrucción de vastas áreas no sólo de la civilización sino también de la vida misma. Todos los implicados lo saben pues las experiencias anteriores son conocidas, pero la presión social en la que viven muchas veces les impide reaccionar. La destreza, el conocimiento, la dedicación, el trabajo y el dinero son despilfarrados en proyectos que no pueden conducir a la vida, la libertad o la felicidad, sino únicamente a la miseria, la destrucción y la muerte. Toda la agitación previa nacionalista siempre ha tenido el fin de la guerra, las preparaciones para la guerra han conducido siempre a la guerra. ¿Cómo detener toda esa locura?, se preguntaba Huxley. ¿Sería suficiente una exhortación moral, rogar a la gente que entrara en razón, que se comportara racionalmente, que fuera sensata? Por desgracia, dice él, diríamos todos, la exhortación moral no lleva muy lejos a la hora de cambiar la tendencia política, aunque no subestimemos nunca su valor. De ahí la vuelta al inicio de este texto, el valor de la educación. Hay que combatir esos malos instintos, esa indiferencia y esa extraña insensibilidad moral ante los progresivos estratos de la violencia a que conduce el sectarismo y el fanatismo.

Huxley, por aquellos años de la Guerra Fría y la constante presencia de la posibilidad de una tercera guerra mundial, no era muy optimista con el futuro de la humanidad. También le preocupaban las persecuciones y los exterminios y animaba al mundo a que no se resignara y a que se fuera conformando una federación mundial de estados para salvaguardar al planeta en todos los sentidos. No una ficción como la ONU, sino una federación política y económica con poder universal. Idea muy digna de su producción utópica-literaria, aunque coincide con Russell. Huxley no confiaba en una visión extremadamente optimista del futuro basada en la creencia de que el progreso era incesante y que sin duda seguiría produciéndose y aminorando las acechanzas de los conflictos entre individuos y naciones. «Si alguien nos hubiese preguntado, tanto a mis padres como a mí, si pensábamos que a lo largo de nuestra vida veríamos el resurgir a gran escala de la esclavitud, la tortura, la persecución por opiniones heréticas, la deportación en masa, habríamos exclamado que eso era totalmente imposible. Sin embargo, hemos visto horrores semejantes, y nuestra fe en la inevitabilidad del progreso se ha tambaleado. Estamos convencidos de que vivimos en un mundo de cambios incesantes [...]. Si aplicamos nuestra inteligencia y nuestra buena voluntad es probable que podamos alcanzar un alto grado de progreso...» Huxley estaba preocupado por el desarrollo de la bomba atómica, un camino erróneo del desarrollo científico. A pesar de todo estaba convencido de que el género humano era quizás la más resistente de todas las especies animales.

¿Qué relación existe entre el individuo, su sociedad y el proceso histórico en el que ambos están inmersos? A veces mucha, pero otras veces el individuo desarrolla su vida y actividad al margen y en paralelo. Huxley nos recuerda la cantidad de años que perdemos durmiendo, fuera por completo de la historia e incluso fuera del tiempo y el espacio. En *Macbeth*, Shakespeare hace decir: «El sueño, que teje el hilo enmarañado de las preocupaciones, / muerte diaria, baño refrescante tras la dura labor, / bálsamo de las mentes heridas, segundo plato de la gran naturaleza, / principal alimento del banquete de la vida». Huxley pone muchos ejemplos de escritores que más bien participaron poco de la vida social o política de su tiempo, al menos en un primer plano, como Wordsworth, Jane Austen o Montaigne en Francia (fue alcalde de Burdeos), quien en sus *Ensayos* comentó que había pasado la mitad de su vida en casa, mientras su país estaba en ruinas, sin apenas haberse perturbado la paz de su espíritu. La escritura como refugio en otra patria más espiritual, pero ayudando también a la cultura de su país.

Otro de los asuntos que trata *La situación humana* es sobre el problema del mal en el individuo, el ego como fuente de conflictos, el inconsciente y el origen de la creatividad, el lenguaje y las controversias de Goethe y Kierkegaard contra el mismo, la función del arte en la segunda mitad del siglo XX junto con la ciencia y la filosofía, el ser humano y la religión, así como la psicología como nuevo camino de conocimiento. Con respecto al arte, Huxley hace esta reflexión: «Si el arte es bueno y la gente se interesa en él, la totalidad de lo que podríamos llamar estilo de vida será buena. Si predomina un arte malo, el estilo de vida podría carecer por completo de elegancia y nobleza». Más adelante añadía que el arte era una forma de terapia para disipar las emociones y los pensamientos dolorosos que atormentan al poeta o a los artistas en general: «El arte como comunicación es una tarea para personas especialmente dotadas, mientras que el arte como terapia es algo que probablemente todo el mundo debería practicar para su propio bien». Huxley está más cerca del arte figurativo que del abstracto, precisamente en la comunicación que ve en el primero y la falta del mismo en el segundo. Son opiniones particulares sin espíritu combativo. Él mismo lo aclara en la siguiente frase: «Sabemos que existen muy diversas clases de arte y, como dice Whitman, muchas formas de lo Supremo, y que todas ellas tienen derecho a una existencia propia». En «El hombre y la religión» defiende el lado espiritual del hombre aunque no está muy conforme con que la religión intervenga en asuntos terrenales. Al referirse al mito como un estado anterior a la religión monoteísta, afirma que es modesto en el sentido de que no pretende ser estrictamente cierto. Es mera expresión de nuestros sentimientos con respecto a la experiencia. Los mitos, en general, han sido mucho menos peligrosos que los sistemas teológicos, porque son menos precisos y tienen menos pretensiones: «Pero si bien se trata de una filosofía no lógica, es a menudo una filosofía muy profunda, precisamente porque no es lógica ni discursiva. Permite unir en un relato, imagen, cuadro, estatua o danza diversos aspectos de nuestra experiencia que pueden parecer inconmensurables o incompatibles. Los une y los muestra como un todo indisoluble, exactamente tal como lo experimentamos. En este sentido, se trata del tipo más profundo del simbolismo. Por ejemplo, el mito de la Gran Madre, que encontramos en todas las religiones primitivas...». Huxley opta por la mística frente a los poderes que la persiguieron. Se refiere enaltecedoramente a san Juan de la Cruz. Sobre la fe tiene sus dudas, en nombre de ella se llevaron a cabo muchas iniquidades. Huxley defiende un pensamiento individual, libre de ataduras, para que cada cual pueda interpretar su presencia en el mundo.

9
Carta a Séneca

«¿QUÉ MAL PUEDE HACER leer una carta? Puede que hasta haya algo en ella que te guste», le dices, Séneca, a Lucilio en una de tus epístolas morales. Yo, al explicar a mis alumnos el origen de la noticia les leía siempre algunas de tus misivas e igualmente las de Cicerón. Hoy nadie sería capaz de redactar algo semejante. ¿A quién dirigir mi carta? ¿A ti, Séneca? ¿A Cicerón? ¿A Montaigne, que custodió la memoria de ambos? Cicerón escribió fundamentalmente a Tirón, a Ático, a sus familiares. Tú a tu propia madre y a ese heterónimo que es Lucilio. Cicerón decía que las cartas valían para informar a los ausentes cuando hay algo que a nosotros o a ellos interesa saber. Y añadía que eran como una conversión que no debía darse a la luz pública si no fuera éste el deseo del remitente. ¿Dejaría mi destinatario que hiciera pública esta carta que escribo ahora? En realidad, ¿quién me gustaría ser más, tú o Lucilio, Ático o Cicerón? El destinatario cobra una relevancia inusitada sólo por el hecho de ser un destinatario elegido entre otros muchos candidatos. Cicerón fue asesinado por Marco Antonio y tu suicidio fue también un asesinato. Me quedo contigo, pues tuviste que afrontar la muerte con una gran serenidad. A tu compañero y predecesor la muerte le llegó como una visita esperada pero inopinadamente. «Ningún mal es grande si es el último», escribiste a Lucilio. ¿Sabré enfrentarme a este mal temido de semejante manera que tú? Tus lecturas, las lecturas de tus obras, de vuestras obras, después de tantos siglos, me parecen estar escritas desde una intemporalidad indefinida. Ningún conocimiento científico o tecnológico las ha desbancado. Siempre he tenido presente algunas de las cosas que dices, por ejemplo que ningún acontecimiento debe deprimirnos pues todo pasa y todo tiene su arreglo, con nosotros o sin nosotros. Que no hay mayor riqueza que la sabiduría. Que el esfuerzo por la virtud es un bien supremo que no sólo hay que ejercer sino enseñar. Que nuestra patria es el mundo entero y la humanidad al completo. Que las riquezas deben ser las mínimas e indispensables para no hundirnos en su fango. Que ver y escuchar todo es una de las más fáciles formas de aprender una realidad que jamás hay que ignorar. Que la libertad es no depender de cosa alguna ni ambicionar cosas vanas. Mi querido contemporáneo, Séneca, me ayudaste a ser feliz pues leyéndote me convenciste de que el único bien por encima de todos es la honestidad. En tu literatura y en tu filosofía se encuentran todas las respuestas al presente pues ya en tu tiempo eran ciencias premonitorias. Aún lo siguen siendo, únicamente hay que seguir leyendo. Pretendo, como tú, seguir siendo fuerte y vivir sin temor, ser fuerte y vivir sin tristezas, seguir siendo feliz sin insultar a nadie y, aún más, sin depender de esa felicidad. Seguir leyéndote a pesar de que la filosofía ya apenas esté en los colegios, como el arte, la literatura, la música, y las humanidades en general. Sé que a Lucilio le dijiste que no escribías para muchos sino tan sólo para él, pues ambos juntos erais un público suficientemente grande. Tus escritos han durado dos mil años, más de lo que durarán mis propios huesos. Sólo por la existencia de personas como tú, vale la pena vivir y también morir como tú, sin miedo alguno.

¡Ah! Y tú sugeriste que las epístolas largas eran aborrecibles. Así acabo.

10
La enfermedad cultural

JOHAN HUIZINGA fue uno de los grandes historiadores de la primera mitad del pasado siglo. Pertenecía a una familia de predicadores menonitas. Se doctoró en el año 1897, había nacido en Groninga, Holanda, en 1872. Profesor de Historia en Haarlem, luego regresó a su ciudad natal y, finalmente, ejerció de catedrático en Leiden, donde además fue rector. Doctor honoris causa por Tubinga y Oxford. Durante la Segunda Guerra Mundial fue perseguido por los nazis. Murió en 1945. Dos de sus obras fundamentales fueron *El otoño de la Edad Media* y *Erasmo*. Ortega, Caillois, Gadamer, Marc Bloch (fusilado en 1944), Lucien Febvre (al principio crítico por explicar la Edad Media como un todo), Einaudi (partidario como él de una República de espíritus libres), Burckhardt, Pirenne, Le Goff o Eco (prologó *Homo ludens* para una edición del propio Einaudi), le tuvieron en gran estima. Fue contrario a las teorías que desplegó Spengler en *La decadencia de Occidente*. Al libro lo calificó como «mausoleo inconcluso lleno de distorsiones, prejuicios y acrobacias peligrosas». Para Huizinga, Spengler había abandonado el racionalismo crítico, la filología, la exactitud empírica, la investigación, y se había entregado a una abrumadora «barbarie». El libro era un ataque al Estado, la religión (cristiana) y las democracias. El holandés defendía todo lo contrario.

En la formación de Huizinga influyeron sus conocimientos de lenguas tales como el latín, el sánscrito, el indogermánico, el árabe, el gaélico y las lenguas eslavas. Fue un defensor del saber aristocrático, sobre todo de parte de la Historia. Consideraba la Literatura más cercana al saber popular. El profesor Moreno Alonso, responsable de esta magnífica edición de *La ciencia histórica*, trae a colación aquella pregunta que el historiador Rostovtzeff se hacía en su libro *Historia social y económica del Imperio romano*: «¿Es imposible difundir una civilización superior en el seno de las clases inferiores sin rebajar el nivel de aquélla y diluir su sustancia hasta el punto de desaparición? Toda civilización que empieza a penetrar en las masas, ¿no está condenada a la decadencia?». Lo de «clases inferiores» hoy suena rancio, pero se puede sustituir por masas consumidoras; así como «civilización superior» por alta cultura. A la vista están los resultados, aunque nos neguemos a verlos por vergüenza y descreimiento.

Toda la obra del holandés desprende un antinacionalismo declarado, sobre todo en *Patriotismo y nacionalismo en la historia europea*. Para él es el gran mal de Europa. Él lo califica de «puerilismo». Movimiento antidemocrático, populista, enfrentando a la sociedad, de carácter divino y mitológico. Es decir, la fe irracional obnubilada frente a la razón. Cómo vivir en una sociedad militarizada sosteniendo a una ingente maquinaria bélica. Y la educación destruida por el sectarismo y la fanatización. Y la cultura arrasada por la barbarización al darle un protagonismo real a lo mágico y fantástico. El mito suplantaba al logos. Huizinga, como era de esperar, fue combatido por los nazis. Lo acusaban de dar alas a la libertad individual frente a aquellas masas ofuscadas por una ideología pervertida y perturbadora. Al historiador tampoco le gustaba un mundo en el que la ciencia sustituyera al viejo humanismo. En *Los albores de la paz* (1946, obra póstuma) criticó severamente la Revolución francesa. Buena en sus utópicos principios, pero terrible en su desarrollo y evolución hacia la dictadura y militarismo napoleónicos. Su visión de la Historia establece un vínculo entre arte-economía, pensamiento-estructura social, psicología-condiciones de vida.

La ciencia histórica son cuatro conferencias que dio en la Universidad de Verano de Santander en el mes de julio de 1934. Fueron publicadas ese mismo año por *Revista de Occidente*. Ortega apreciaba al autor. Ya en 1930, en la misma publicación, había salido a la luz *El otoño de la Edad Media* traducido por José Gaos. En 1936 la misma institución volvió a publicar *Entre las sombras del mañana. Diagnóstico de la enfermedad cultural de nuestro tiempo.* Texto premonitorio de la catástrofe bélica. Huizinga también atacó las leyes raciales acusándolas de un mal romántico. Racismo y nacionalismo, ideologías complementarias que habían arramplado con la libertad-igualdad-fraternidad de la Revolución francesa. A la identidad él anteponía la diversidad. Lo mismo que a las emociones inducidas él anteponía la razón, la verdad, la humanidad, la justicia y la paz.

Huizinga no agradó por igual a sus compañeros de profesión. Los historiadores positivistas criticaron la ausencia en sus escritos de referencias a la historia política, por ejemplo los marxistas. Él no estudia a los grandes personajes, los grandes acontecimientos, las ideologías, sino la vida cotidiana del grupo social.

En la primera conferencia, «Desarrollo de la ciencia histórica desde comienzos del siglo XIX», repasa más de un siglo de investigaciones. Una ciencia dependiente de las fuentes de otras muchas y muy cerca de la vida real. Teme la cada vez mayor presencia de asuntos económicos y sociales. Destaca la historiografía alemana y la incorporación tardía de esta materia a la universidad. Anima al avance de la misma a través del método, los materiales (por la apertura de los archivos), y el ensanche de su campo de acción. A la Historia la ve unida a la Filología, la Epigrafía, la Arqueología y la Antropología. En la segunda conferencia, «El proceso del conocimiento histórico», reflexiona sobre el pasado como fiel reflejo, o no, del presente. Él desliga esos vínculos: «¿Es tan débil el fundamento científico de la Historia que no admite ninguna construcción eterna, que sólo se pueden erigir en él temporales alojamientos para la mente, que una generación venidera reconstruirá de nuevo o tal vez derribará?». Huizinga se inclina más bien hacia esto último. La tercera conferencia fue sobre «La idea histórica». La Historia era una ciencia inexacta por la cantidad de variables interpretativas. El discernimiento histórico exigía tres cosas: sentido común, práctica y sentido histórico. La cuarta y última conferencia versaba sobre el «Valor de la Historia para la cultura actual». Coincidía con Croce en que el abuso de la Historia había dado lugar al «historicismo». El italiano hablaba de «antihistoricismo». Todo esto conducía al caos. Huizinga, curiosamente, está a favor de la novela histórica y contra la «biografía ornada».

A la luz de hoy en día, la obra de Huizinga persiste en su valor, aunque la propia investigación histórica ha avanzado inmensamente.

11
Comprender no es perdonar

Los 41 ensayos recogidos en *Ensayos de comprensión*, de Hannah Arendt, fueron escritos entre 1930 y 1954, es decir, prácticamente todos ya en el exilio, dado que la pensadora abandonó Alemania en 1933. Hasta ahora permanecieron inéditos en libro y estaban dispersos. Los artículos, apuntes, conferencias, reseñas, ensayos y entrevistas han sido organizados cronológicamente. El pensamiento de su autora, siempre comprometido, sagaz, respetado y discrepante, se contempla aquí en evolución desde sus veinticuatro a sus cuarenta y ocho años.

Hay un eje central en todos estos textos, el mismo que en casi toda su obra: los acontecimientos políticos del siglo XX no tienen precedentes históricos y, por este motivo, entre otros, es necesario analizarlos y tratar de explicarlos y comprenderlos. Perdonarlos o justificarlos es ya otra cosa. Arendt reflexiona en el mismo momento en que esos acontecimientos se están llevando a cabo, pero también la autora nos advierte que la derrota del fascismo y del comunismo sólo era parcial y temporal y que la reaparición de los totalitarismos estaría permanentemente amenazando a Europa. Y ésta, tarde o temprano, tendría que actuar en defensa de su democracia recién restaurada. Un elemento eficaz sería la unión supranacional del continente.

Comprenderlo todo no era perdonarlo todo. ¿Cómo reconciliarnos con un mundo en el que tales maldades son posibles? El adoctrinamiento había destruido por completo la actividad de la comprensión. La monstruosidad de los crímenes hacía parecer ridículo cualquier castigo. Arendt nunca se vio a sí misma como filósofa, tampoco como pensadora política. La filosofía era la acción de pensar, mientras que la política era la de actuar. Su obra parte y se crea en el espacio de tensión entre ambas. La filosofía: objetiva, neutral, en nombre de todos. La política: partidista, no neutral. Desde Platón, todos los filósofos (excepto Kant y poco más) fueron reticentes y hostiles hacia esta última. Arendt se declaró ajena a esa hostilidad y trató de aunar ambos mundos. Su labor se basó en el pensar, conocer, analizar, comprender y escribir, esta última la tarea más compleja y comprometida.

Uno de los grandes males que aquí se analizan es el nacionalismo. Esta ideología fanática y sectaria provocó ideas terroríficamente interesantes, fantásticas y complicadas, muy por encima del nivel habitual. Sus creyentes cayeron en la trampa de sus propias ilusiones. El nacionalismo creó una utopía y una voluntad de modificar la realidad.

Todo esto lo llevó al poder. Sólo como utopía, el pensamiento puede oponerse a la realidad distinta que él mismo creó. La gran crisis europea del siglo XX, y en la que ya volvemos a estar avanzado el XXI, proviene de las reiteradas crisis de la nación-Estado. Arendt cita un panfleto clandestino de la Resistencia holandesa donde se comentaba que los problemas centrales de la paz venidera serían los de cómo lograr la formación de unidades más amplias en el terreno político y económico, preservando al mismo tiempo la autonomía cultural. La paz solamente podría ser salvaguardada por una autoridad europea superior: Consejo Europeo, Federación o unos Estados Unidos de Europa. Lo fundamental era crear un sentimiento de solidaridad europea. Y ese sentimiento tenía que basarse en principios democráticos que desterrasen los fantasmas totalitarios no del todo extirpados. Ahora comprobamos que, una vez más, tenía razón.

Arendt no echa la culpa a todos los alemanes, sino sólo a aquellos que participaron amparados en la obediencia, una eximente a la larga. Tras la paz se vieron las dificultades que hubo para identificar a unos y a otros, a pesar de la diezmada población. La Nada de la que surgió el nazismo puede definirse, en términos menos místicos, como el vacío resultante del casi simultáneo colapso de las estructuras sociales y políticas europeas. Las mentiras y las falsas promesas llenaron ese vacío. La estructura de clases europea había estallado, también el Estado-nación había producido parados y desclasados que se lanzaron a crear ese nuevo orden europeo, sin saber ni siquiera lo que era. Todo quedó subordinado al Partido que, a su vez, se entregó a la policía: las SS y la Gestapo. A partir de entonces la única ley fue el terror. Arendt critica a Churchill porque los aliados evitaron la guerra ideológica dándoles ventaja a los nazis, cuyo legado racista pervive: la negación de una humanidad común.

¿Desde cuándo es un crimen cumplir órdenes? ¿Desde cuándo es una virtud rebelarse? Éste es otro de los asuntos capitales de este volumen. La conciencia de culpa desapareció del hombre-masa parado. La responsabilidad de todos desapareció por los crímenes cometidos contra sus semejantes. La aparente vergüenza por lo realizado nunca fue suficiente. Se demostró que la humanidad era una gran carga para los seres humanos.

Pero la autora de *Los orígenes del totalitarismo* escribe también duras críticas contra el comunismo. Se escandaliza de la irresponsabilidad de tantos intelectuales europeos comprensibles con Stalin, otro asesino igual que Hitler. También critica a los intelectuales norteamericanos, «más aislados de la realidad política que ninguna otra *intelligentsia*». Y si el fascismo no era una invención de Hitler o Mussolini, tampoco el comunismo lo fue de Stalin. Por cierto, la condena a Marx también es total. Los campos de concentración, el terror y los asesinatos en masa habían sido objetivos semejantes. La deconstrucción del individuo se había llevado a cabo de manera paralela en ambas ideologías, aunque una se había alzado victoriosa sobre la otra. Arendt hace inteligentes matizaciones entre el poder totalitario, el poder tiránico, el régimen despótico y las dictaduras de partido único.

Ensayos de comprensión es de una actualidad premonitoria. Advierte a las democracias europeas (ella murió en 1975) que permanezcan alerta, que eviten los nacionalismos, que profundicen en una Europa federada y fuerte, que estén atentas a la URSS (hoy de nuevo Rusia), que hagan una gran labor pedagógica explicando lo que fueron los totalitarismos y los males que acarrearon. Y, además de todo esto, evitar el conformismo, pues amenaza a la libertad en una sociedad de masas.

12
El mal y la muerte

«AUNQUE LOS CONOCIMIENTOS científicos y técnicos de la ciudadanía nunca han sido tan elevados, el público invierte poco tiempo en leer novelas o poesía, que sigue siendo la manera más segura y más provechosa de acceder a la comedia y el drama de la existencia y de tener una oportunidad para reflexionar sobre quiénes somos o podemos ser.» Y añade Antonio Damasio en su libro *El extraño orden de las cosas*: «Parece como si una parte de la sociedad que celebra la ciencia y la tecnología modernas, la que más se beneficia de ellas, estuviera en quiebra espiritual, tanto en el sentido secular como en el religioso del término 'espiritual'. A juzgar por cómo se aceptaron despreocupadamente las irresolutas crisis financieras (la burbuja de internet del año 2000, las hipotecas de 2007 y el hundimiento bancario de 2008), parece hallarse moralmente en quiebra». Antonio Damasio, lisboeta, profesor de Neurociencia, Psicología y Filosofía y director del Instituto del Cerebro y la Creatividad en la Universidad del Sur de California, en la ciudad de Los Ángeles, es también el autor de libros fundamentales hoy para entender al ser humano desde su más profunda materialidad física. Y ahí se encuentra la novedad de sus escritos: aunar lo puramente médico y biológico (aparentemente lo más racional y científico) con el humanismo espiritual que ha ido construyendo el ser humano a lo largo de los siglos a través de la civilización y la cultura. A veces la inevitable terminología nos hace perdernos por sus páginas, pero Damasio también es un buen docente. En este libro, y en otros anteriores tales como *Y el cerebro creó al hombre, En busca de Spinoza, El error de Descartes* o *La sensación de lo que ocurre,* es bastante crítico con el mundo científico, pero sobre todo con el desarrollo de las nuevas tecnologías.

El transhumanismo, esa posibilidad de ser inmortales que ofrecen para un futuro inmediato los sacerdotes de Silicon Valley, recibe la siguiente calificación por parte del premio Princesa de Asturias de 2005: «La audacia y la arrogancia de este proyecto nos deja sin aliento». Audacia siempre ha tenido la ciencia a lo largo de la historia, pero nunca tanta arrogancia como en estos últimos tiempos. Hoy esta soberbia bíblica de vencer nada menos que a la muerte va mucho más allá, porque sobre todo es un gran engaño. Un engaño de lesa humanidad. Un engaño que es un crimen contra la humanidad misma. ¿Cuáles serían las consecuencias para el individuo a un corto plazo? ¿Qué nueva humanidad saldría de ese proyecto de un ser viviente eterno? ¿Cómo se produciría el desarrollo de las sociedades? La inmortalidad se alzaría como una creación únicamente humana y, lo que es mucho peor, en manos de empresas con ánimo de lucro gobernadas por humanos. ¿Se detendría la acción vital? ¿Desaparecería el dolor, el sufrimiento, el placer, la creación? ¿Se prescindiría de todo esto para entregarse a ese otro mundo? ¿La inmortalidad sería ella misma una perfección abstracta? La perpetuidad de la vida se mide en términos de homeostasis básica.

La homeostasis se refiere al conjunto fundamental de procesos que se hallan en el corazón mismo de la vida, desde su inicio en la bioquímica primitiva, desaparecida ya hace muchísimo tiempo, hasta el presente. Permite a cualquier organismo vivo, pequeño o grande, resistir y prevalecer, y sería la última fase del proyecto de la vida, un «logro» intrigante, de ciencia ficción, que se llevaría a cabo a través, únicamente, de la creatividad humana desafiando a lo desconocido, sean los dioses o las fuerzas planetarias. ¿En manos de quién estaría semejante arma?

Por otra parte, la inmortalidad no es una reflexión de ahora sino de siempre, ha estado presente en la filosofía y en todas las manifestaciones artísticas. Eliminaría el motor más poderoso de la homeostasis, el descubrimiento de que la muerte es inevitable, y la angustia creadora que dicho descubrimiento genera. Una angustia motriz desde el origen de la civilización que no sabríamos con qué sustituirla. Damasio, que, se supone, debería estar más de un lado que de otro, se indigna contra estas tecnologías que creen que la mente humana se puede descargar en un ordenador, con lo que en apariencia, de esta manera simple, se garantizaría la vida eterna. Y esto coincide con lo que hace ya mucho tiempo previno Hannah Arendt: «El capitalismo tecnológico nos está haciendo perder derechos, y el compromiso del bien común».

La mente, y no hace falta ser un gran científico para ser consciente de ello, surge de la interacción de cuerpo y cerebro, no únicamente del cerebro. ¿Acaso los transhumanistas planean también descargar el cuerpo íntegramente? ¿Un cuerpo repleto de aparatos mecánicos sustituyendo a los imperfectos naturales? O, simplemente, un robot de rostro y físico semejante al difunto no difunto. ¿Pero a qué edad se le representaría? ¿Lo matarían en plena juventud para así tenerlo más lozano en toda la aburrida eternidad? Al día de hoy están claros los límites de la aplicación de las ideas de código y algoritmo, pilares de la informática y la inteligencia artificial, a los sistemas vivos.

Sin embargo los organismos vivos no son algoritmos. Los algoritmos son fórmulas, recetas, enumeraciones de pasos para la construcción de un resultado determinado. O, como dice Damasio tratando de aclarar algo no muy fácil de hacer: «Los organismos vivos son consecuencia de la actividad de algoritmos y tienen propiedades que podrían o no derivarse de especificaciones incluidas en los algoritmos que dirigieron su construcción».

Además, los algoritmos sesgan la información debido a sus mentores, o a la inclinación de sus usuarios, para no perderlos. Los organismos vivos son conjuntos de tejidos, órganos y sistemas, así nos lo enseñaron en los colegios, dentro de los cuales cada célula está formada por proteínas, lípidos y azúcares. «No son líneas de código, sino materia.» Comparto absolutamente con Damasio la opinión de que producir explicaciones sobre la humanidad que disminuyan la dignidad del individuo no hace progresar a la causa de nuestras sociedades. Lo mismo que pensar que los robots superarán muy pronto, y con muchas más capacidades, a quienes los han inventado.

Por ejemplo, los sentimientos abarcan un conjunto de experiencias individuales a las que se añaden otros componentes químicos y viscerales. Por eso, quienes piensen que la labor de homogeneización de la sociedad facilitaría la labor de gobernar, se equivocan radicalmente. En un grupo étnico los individuos son muy diferentes en términos de afecto y de carácter. Hay que saber mezclar bien, y en su proporción, los afectos y la razón, pero nunca anteponer unos a otros. Hay que acomodar los afectos a la razón. No hay ninguna parte del sistema nervioso ni del cerebro que sea la única productora y proveedora de los fenómenos mentales. El ser humano, internamente, es defectuoso y por eso toda la construcción vital que se asienta sobre ese pilar hace tambalear al resto que es la sociedad en su conjunto.

En un mundo donde la información es un cotidiano maremoto de noticias entre las que hay que elegir y dilucidar sobre su verdad o falsedad; en un mundo donde la comunicación digital aboca a la falta de reflexión; en un mundo en el que la intimidad está desapareciendo debido a la vigilancia constante, hay que aumentar la resistencia mediante la educación, la cultura y la cooperación social. La pulsión de muerte de Freud era el desencadenamiento descontrolado de un conjunto específico de emociones negativas frente a otras positivas. Las negativas: tristeza, pena, pánico, miedo, repugnancia, odio, enfado, ira, envidia, celos, desdén. Todas ellas, de manera individual o bien la conjunción de las mismas, especialmente la ira, la envidia, el odio, la venganza y el miedo, siempre han llevado a grandes males. Y estas emociones negativas no son inmanentes sino que exigen un gran cultivo de conocimiento y dedicación. A veces, los componentes positivos (la honestidad, la bondad, la empatía, la compasión, la gratitud o la modestia) no han sido suficientes para detener una gran catástrofe, pero sí para tratar de aminorarla. La convulsión cainita de la Segunda Guerra Mundial fue imparable pero, aun así, se opuso a ella la compasión de muchos seres anónimos que justificaron la existencia de la humanidad. Los animales no tienen luchas culturales porque carecen de inteligencia racional. La contención civilizatoria se debe llevar a cabo a través de la biología del afecto, el conocimiento y el razonamiento. Y todo ello mediante la educación.

No hace mucho tiempo tuve noticias de la vida y aventuras de Louis Zamperini (1917-2014) a través de la película dirigida por Angelina Jolie titulada *Invencible,* de 2014. El guion es de los hermanos Coen, basándose en un libro de Laura Hillenbrand. Jack O'Conell interpreta magníficamente al héroe italoamericano de la Segunda Guerra Mundial en el Pacífico. Zamperini tenía una vida alocada y delincuente hasta que se hizo corredor olímpico, participó en las Olimpíadas de Berlín, donde conoció personalmente a Hitler, y luego regresó a su patria para incorporarse a la aviación como teniente en un bombardero. En una de sus misiones el aparato fue derribado y los náufragos tuvieron que estar a la deriva por más de cuarenta y siete días en condiciones infrahumanas. Rescatados por los japoneses, fueron enviados a diferentes campos de concentración donde se encontraron con el sádico responsable Mutsuhiro Watanabe, quien tomó a Zamperini como chivo expiatorio. Pasada la guerra, el criminal se escondió y luego, como tantos otros indeseables, fue injustamente amnistiado por los norteamericanos. Zamperini regresó a Japón, visitó a los carceleros y los perdonó pues, debido a sus convicciones religiosas, entendió que todas aquellas tremendas torturas padecidas habían sido una prueba mística. El asesino Watanabe no quiso recibirlo y de nuevo, públicamente, mostró su desprecio por él y por todos. En una entrevista en la televisión confesó que el constante maltrato que propinó a sus prisioneros no fue una orden de sus superiores sino una iniciativa propia, y que la saña que les dedicó, especialmente a él, a Zamperini, era una manera de demostrar el desprecio que sentía por sus enemigos. Watanabe pertenecía a una familia adinerada, tenía una gran formación académica, era licenciado en Filología francesa. ¿Qué componentes biológicos tendría en su cabeza? ¿El mal y las emociones negativas podrán alguna vez ser extirpadas del ser humano? ¿Son necesarias para resaltar las positivas? ¿El transhumanismo haría eterno también a Watanabe con su mal? La piedad de Zamperini, el perdón de este héroe, vale por todas las tecnologías y nos anima a pensar que todavía podemos tener esperanza.

13
Nostalgia de las revoluciones fracasadas

Con motivo del aniversario de la Revolución rusa, vuelvo a Tolstói para reflexionar sobre lo que le pasó en los últimos años de su vida. Releo los *Diarios (1895-1910), El reino de Dios está en vosotros, La escuela de Yásnaia Poliana, Placeres crueles, El Evangelio abreviado* y *Cuánta tierra necesita un hombre*, entre otros. En *Placeres crueles* se refiere a la religión, a los conflictos bélicos, al respeto por los animales y la defensa del vegetarianismo y a la fe sin intermediarios entre el ser humano y Dios. En *El reino de Dios está en vosotros*, Tolstói desarrolla su defensa del pacifismo, que será estudiada y puesta en práctica por Gandhi. Ambos personajes se cartearon. En el capítulo X, titulado «La inutilidad de la violencia estatal como instrumento para suprimir el mal. El avance moral de la humanidad se logra no sólo mediante el conocimiento de la verdad, sino también a través del surgimiento de una opinión pública», escribe: «El cristianismo en su auténtico sentido destruye el Estado. Esto fue comprendido desde un buen principio, y por ello Cristo fue crucificado; así lo entendieron también las personas que no se sentían obligadas a justificar el Estado cristiano. Sin embargo, con el tiempo, a medida que los jefes de Estado abrazaron en apariencia y externamente el cristianismo, empezaron a inventarse toda clase de artimañas y teorías según las cuales éste era perfectamente compatible con el Estado. Pero para cualquier hombre sincero y serio de hoy en día es evidente que el auténtico cristiano –la doctrina de la resignación, del perdón a las ofensas y el amor– y el Estado –con toda su pompa, su violencia, sus ejecuciones y sus guerras– son dos conceptos irreconciliables. La profesión del auténtico cristiano no sólo excluye la posibilidad de reconocer el Estado, sino que destruye sus cimientos». En *El Evangelio abreviado* insiste en su ideal de vida: la pobreza voluntaria, el trabajo manual, el ascetismo, es decir, un regreso al cristianismo primitivo y no al que se inventó san Pablo. En *La escuela de Yásnaia Poliana* defiende la necesidad de una alfabetización total y una educación generalizada para todas las clases sociales rusas. Es una educación medio roussoniana, pero mostrando todo aquello que puede mejorar la condición humana. Se educa en un sentido práctico y en el libre albedrío. La lectura y la escritura eran fundamentales en ella. Libertad y espiritualidad. Pero Tolstói también habla de castigos, curiosamente. La escuela también debía servir para dar de comer, vestir y trabajo. Por supuesto escuela gratuita. Tolstói cuenta cómo había que luchar contra los padres para que dejaran ir a sus hijos y que luego no los sacaran a destiempo para colocarlos de trabajadores manuales. Enseñar a leer a los niños y, sobre todo, qué leer.

Tolstói, durante los últimos años de su vida, se alejó y se acercó a la literatura. Comenzó un camino nuevo que lo condujo por una ética-mística. Al novelista ruso nunca le había interesado el sentido de las cosas sino su arbitrariedad. Fue un interés repentino, una especie de llamada espiritual. En los *Diarios*, en una anotación de enero de 1895, escribe que vivir es participar en el proceso de perfeccionamiento de uno mismo y de la vida, ser mejor y mejorar la vida.

A partir de los cincuenta años Lev Tolstói comienza a dar un giro a su vida. Su éxito tanto en su tierra como en el extranjero es muy grande, tiene afecto, dispone de dinero, está repleto de salud y energía, vive una vida familiar normal y, en resumen, no tiene aparentemente ningún motivo para estar descontento. Sin embargo su evolución fue al contrario: de la ilusión a la desilusión, de su individualismo a un sentido comunitario, de la seguridad en todo a los miedos, de su falta de fe a una intensidad religiosa cada vez mayor, de la falta de miedo a la muerte a una presencia cada vez más permanente y cotidiana que se ve muy claramente expresada en los *Diarios*. En una anotación de 1897 escribe que la religión (ajena a la institución burocrática de la Iglesia, en su caso ortodoxa) era la concepción del mundo más avanzada, la religión era el camino para establecer la fraternidad entre los hombres.

La falta de ilusiones, el porvenir, la espiritualidad, la muerte se le hicieron presentes. Uno de los personajes de *Ana Karénina*, Levin, comenta que del porvenir no se puede esperar más que sufrimiento, sobre todo a partir de cierta edad. A esa edad ya había llegado Tolstói. ¿Para qué seguir viviendo? ¿Qué motivos nuevos para justificar la existencia? ¿Qué nuevos objetivos ponerle a la vida? ¿Qué es lo verdaderamente bueno y malo? ¿Cómo se debe vivir? ¿Qué es la muerte? ¿Cómo podremos salvarnos? Son algunas de las preguntas que el novelista trata de responderse al final de sus años. Tolstói se volvió más hacia la filosofía sin dejar la literatura. Platón, Kant, Schopenhauer, Pascal que abandonó a los filósofos y se volvió a la religión. En *Guerra y paz* había desarrollado cierto desencanto, cierto desengaño, cierto nihilismo, ahora buscará el sentido de la vida, ahora intentará creer para llegar a una paz espiritual que hasta entonces no había sentido como necesaria. En los *Diarios* compara al agnosticismo con el ateísmo. Yo no estoy de acuerdo con esto. El agnosticismo ni cree ni deja de creer, simplemente éste no encuentra razones suficientes para inclinarse de un lado u otro. El agnosticismo no es, como él afirmaba, una pretendida imposibilidad de saber, sino una falta de conocimientos racionales para llevarlos a cabo. Pero también la relación de Tolstói con Dios sin intermediarios no es siempre todo lo cordial que él quisiera. «El mejor de los hombres no puede servir a Dios incesantemente. Hay períodos de indiferencia, de fatiga. Y es entonces cuando el hombre puede y debe realizar su trabajo profesional: coser, apilar la madera, enseñar, etcétera, siempre y cuando su trabajo no sea contrario a Dios...» (*Diarios*, 22 de abril de 1901). A partir de los cincuenta años el novelista frecuentó las iglesias, estudió los Evangelios tratando de encontrar una nueva concepción de la sociedad y se convirtió en una especie de profeta que clamaba por reformar el pensamiento y crear una nueva sociología. Sus libros y opiniones lo llevaron a un choque con la Iglesia ortodoxa rusa. *Confesión, Mi religión* y algún otro de los libros citados fueron prohibidos y él excomulgado. Él nunca se consideró un revolucionario sino un cristiano. La diferencia entre uno y otro él la basaba en que el primero hacía todas las cosas teniendo en cuenta las consecuencias, mientras el segundo hacía todas las cosas por Dios, dejando que Él determinase las consecuencias. Tolstói rechaza a quienes lo consideran un anarquista, él se declara solamente cristiano: «Mi anarquía consiste únicamente en la aplicación del cristianismo a las relaciones humanas. Lo mismo vale para el antimilitarismo, el comunismo, el vegetarianismo...».

Filántropo, liberal, revolucionario para su tiempo, defensor de la masa trabajadora, de los campesinos martirizados, del proletariado de las nacientes ciudades industriales, Tolstói luchó por enseñar, instruir y educar a todos estos millones de desheredados. Tolstói, siendo él un rico latifundista, luchó contra la propiedad privada y ese Estado que la mantenía, al que consideró anticristiano y antisocial. Se enfrentó a su clase social aristocrática, a la burguesía, a los banqueros, al clero, a los terratenientes como él, a los industriales. Pero Tolstói no clamaba por una revolución sino por un cambio radical. El novelista arremetió contra el Estado anticristiano, pero no violentamente sino pasivamente, diciendo que se abstuvieran de trabajar en aquello que produce el mal. El Estado era un Anticristo. No había patriotismo sino seres humanos. Por eso había que separarse de las instituciones y no aceptar cargos públicos. Un hombre bueno no debía participar en los asuntos de Estado para no ser cómplice de él (*Diarios*, 1895). El cristianismo no podía pensar en una nación sino en la humanidad. Tolstói se fue radicalizando. ¿Qué debemos hacer? ¿Cómo debemos vivir? La respuesta está en la ética, la moral, la política, la paz, la justicia social, la solidaridad, la igualdad, la educación... No se puede acabar con la violencia por medio de la violencia, eso aumentaba la reacción. Tolstói, en los últimos años de su existencia, se convirtió en un misántropo, en un masoquista autolesionándose a sí mismo. Y queriendo ceder todos sus bienes materiales a los campesinos produjo una gran reacción familiar, causante del aceleramiento de su muerte.

Tolstói admiró a Rousseau, se convirtió en un evangélico radical sin pertenecer a ninguna secta, buscó el camino entre la fe y la vida, luchó contra la sociedad de su tiempo porque restringía esa libertad. Para el gran novelista ruso, el cristianismo no debía valerse de nada que procediera del trabajo ajeno, no debía poseer bienes ni recibir dinero; el cristianismo debía alejarse de la política.

Tolstói condenó siempre la violencia, no había que combatir la maldad con la fuerza. Por el contrario, Lenin siempre defendió la violencia. Tolstói critica a Marx por incitar el camino de violencia que desembocaría en el comunismo. El ser humano tenía la capacidad de no ver los sufrimientos que no quería ver, y no quería ver los sufrimientos que él mismo ocasionaba. Tolstói defendió el amor, la igualdad, la solidaridad, la fraternidad. La fe cristiana, nunca la violencia, la aniquilación de alguien. Todos debían ceder parte de sus derechos. El rico debía renunciar a sus riquezas, el intelectual debía abandonar su orgullo, el artista debía crear para la masa y cada uno vivir de su trabajo sencillamente. Su pensamiento tuvo influencia sobre millones de personas. Gandhi, siguiendo las lecturas de Tolstói, renunció a los trabajos industriales, optó por lo manual y se apartó de hacer política de la manera habitual. En una anotación de los *Diarios*, en 1895, reflexiona el novelista ruso sobre el progreso. ¿En qué consiste? «En un predominio cada vez mayor de la razón sobre la ley animal de la lucha; en cambio, según los evolucionistas, consiste en el triunfo de la lucha animal sobre la razón, porque sólo como consecuencia de esta lucha animal, en su opinión, puede tener lugar el progreso.»

El 12 de octubre, en su casa campestre de Yásnaia Poliana, año 1907, hace una confesión llamativa en su diario: afirma que la imprenta no contribuyó al bienestar de los hombres. «Eso es poco. En nuestro tiempo, nada de lo que aumenta las posibilidades de acción de unos seres humanos sobre otros: vías férreas, telégrafos, teléfonos, barcos de vapor, cañones, todos los dispositivos militares, los explosivos y todo lo que se suele llamar 'cultura', ha contribuido en nada al bienestar de los hombres. Al contrario. Y no podía ser distinto en un mundo de personas que, en su mayoría, llevan una vida sin religión, amoral. Si la mayoría es inmoral, es evidente que los medios para ejercer influencia sólo ayudan a extender la inmoralidad.» Rousseau total. En otra anotación de 1908, diciembre, en el mismo *Diario*, añade: «En una sociedad inmoral como la nuestra, aparentemente cristiana, todos los inventos que incrementan el poder del hombre sobre la naturaleza y los medios de comunicación, no sólo no son un bien, sino que son un mal incontestable y evidente». ¿Qué opinaría hoy Tolstói de las nuevas tecnologías, de los robots, etc.?

Tolstói, en 1910, al final de sus días, define la vida como la lucha del alma contra el cuerpo: «Si uno concibe así la vida, entonces el suicidio es imposible, inútil e insensato. La felicidad sólo se encuentra en la vida». Nadie podría consolarlo y ayudarle. Estaba aislado por todas partes. Sabía que su hora había llegado. Escapó de su casa una fría noche de invierno y se lo encontraron abandonado como un mendigo. Tolstói, a su manera, fue un precursor de la Revolución de Octubre, un mártir de su propia causa, de sus ideas, de sus proyectos, de su fe tan complicada, ajena ya a los sistemas filosóficos que decía eran bóvedas mal construidas. Tolstói murió a cielo raso, después de caminar y caminar dando rodeos en el camino hacia sí mismo. Fue uno de los pocos escritores que Revolución bolchevique permitió, no sin dificultades, seguir leyendo.

Tolstói decía que el amor verdadero era aquel cuyo objeto no resulta atractivo. Pocas veces se da este caso. En los *Diarios* de 1896 escribe que el arte es el microscopio que conduce al artista hacia los secretos de su propia alma y que muestra a los hombres los secretos que son comunes a todos. En esto estoy de acuerdo, al menos aquel arte con el que él convivió en la segunda mitad del siglo XIX y comienzos del XX. Otra de mis anotaciones de sus *Diarios*, ésta de 1899, dice que hay que hablar lo menos posible, y en particular, con aquellas personas con las que quieres estar en buenas relaciones. Sabio consejo a seguir. ¿Se puede regresar a la literatura cuando las preocupaciones sociales y metafísicas abarcan ya toda tu vida? Turguéniev se lo recomendó a Tolstói en una carta que le envió en 1883, poco antes de fallecer. Tolstói le contestó póstumamente. Ya no había marcha atrás pero nunca dejó de escribir literatura. A través de los *Diarios*, me doy cuenta de que Tolstói estaba muy bien informado de todo cuanto acontecía en el mundo. Tenía corresponsales que le enviaban cartas, leía la prensa, tenía visitas... Este comentario sobre Mallarmé es muy ilustrativo. El escritor ruso confiesa no entender su poesía, sin embargo se pregunta lo siguiente: «¿Por qué cuando escuchamos una música que tampoco entendemos y que también nos parece desprovista de sentido, no decimos lo mismo, sino que tímidamente decimos: sí, puede ser, hay que entenderlo, hay que estar preparado, etc.?». Tolstói afirma que cualquier obra de arte sí debería ser entendida al menos por la gente de cierta educación, no por todos. Si la música no la entendían los especialistas y tampoco la poesía, ambas iban por mal camino. Tolstói ofrecía así dos maneras de comprensión: una intuitiva; otra basada en los conocimientos y en la preparación. Al final de esta anotación del 28 de mayo en Yásnaia Poliana, comenta lo siguiente: «Los artistas mediocres producen obras de calidad media y nunca nada demasiado malo. Pero los genios reconocidos producen o verdaderas grandes obras o auténticas bazofias: Shakespeare, Goethe, Beethoven, Bach, y otros». Curioso comentario. En los *Diarios*, Tolstói siempre dice lo que piensa. No está contra la vanguardia, con el desarrollo de los géneros al unísono del desarrollo del ser humano, sino con aquello que sirva o no sirva, sea útil o no. Para una persona de su siglo y de sus características es comprensible, pero en el fondo está defendiendo a Mallarmé. Para leerlo hay que saber más, hay que estar más instruido, eduquemos a la gente incluso para que pueda leer a Mallarmé.

14
Banalidad del mal, fragilidad del bien

¿FUE ALEMANIA la única culpable de los horrores de la Primera y la Segunda Guerras Mundiales? Es una de las muchas preguntas que siempre se hizo Hannah Arendt. La Nada, de la que surgió el nazismo, puede definirse en términos menos místicos como un gran vacío resultante del casi simultáneo colapso de las estructuras sociales y políticas europeas. Creo que hoy también nos pueden sonar estas palabras muy cercanas. Arendt recordó que muchos signos premonitorios anunciaban la catástrofe que amenazaba a la cultura europea desde hacía décadas. La rápida atracción psicológica que produjo el nazismo no sólo se debió a las bien vendidas falsas promesas, sino también al reconocimiento de este vacío. El vacío fue cubierto por estas propuestas. Cambiaron las verdades por las mentiras. Se ofreció una sola clase social regida por la nación-Estado para cuyos fines se justificaban todos los medios: incluso el exterminio.

¿Hubo diferencia entre nazis y alemanes? ¿Hubo población alemana no infectada ideológicamente? ¿Había la posibilidad de construir una Alemania democrática? ¿Todos los alemanes fueron criminales de guerra o colaboracionistas? ¿Había una culpa colectiva del pueblo alemán? ¿Qué produjo semejante barbarie en un pueblo tan culto?

Establecido el nazismo, todo quedó subordinado al partido. El terror se fue estableciendo como única ley. Y en vez de ejercerla los jueces (que también como títeres lo hicieron), la llevaron a cabo las SS y la Gestapo. El ejército, en principio, quedó de lado pero, cada vez más, fue inevitablemente inmiscuido, de ahí sus fracasados intentos de golpe de Estado. El terror se inició de una manera misteriosa, sigilosa, privadamente; para luego darlo a la luz como medida de presión y publicitaria. Llegado el momento, los crímenes se proclamaron abiertamente, eran las «medidas de liquidación». En la represión tomaron parte fundamentalmente alemanes, pero los nazis utilizaron también a miembros de otras muchas nacionalidades europeas elegidos racialmente. Pero quien primero fue víctima del terror fue el propio pueblo alemán. Los nazis persiguieron a todos sus conciudadanos contrarios a sus ideas. No había que dejar rastro de los antifascistas. E incluso llegaron a curiosas perversiones como la de crearles documentos falsos para que también quedasen en el futuro implicados como ellos en el terror y así declararlos igualmente culpables. Todos sufrirían el castigo de la derrota caso de que ésta se produjera. Himmler quiso crear una autoridad en Europa en manos de una élite racial. Una organización intereuropea del terror bajo liderazgo alemán. Si la guerra hubiera finalizado favorable para Alemania, la persecución racial y de gentes no calificadas por ellos como suficientemente aceptables hubiera sido aún peor de lo que fue hasta ese momento.

La política totalitaria destruyó la zona neutral en la que habitualmente discurría la vida de los seres humanos. Sólo había individuos que, según las nuevas normas no sancionadas por nadie más que por ellos mismos, habían cometido crímenes o eran cómplices. En «Culpa organizada y responsabilidad universal», artículo publicado en el año 1945 y recogido en el volumen *Ensayos de comprensión,* Hannah Arendt, se refería a la difícil identificación de los antinazis, excepto aquellos que habían sido colgados por los propios nazis. La línea entre culpables e inocentes era muy difícil de dilucidar. ¿Responsables, irresponsables, corresponsables? ¿Quién podía delimitar justamente todo esto para no acusar a toda Alemania de responsable? ¿Quiénes fueron los culpables de los asesinatos en masa? Y si todos lo fueron, donde todos son culpables, nadie en última instancia puede ser juzgado, pues tal culpa no va acompañada ni siquiera de la mera apariencia de responsabilidad. El castigo es un derecho del criminal. La culpabilidad implica conciencia de culpa. El castigo, la evidencia de que el criminal es responsable.

¿Desde cuándo era un crimen cumplir órdenes? ¿Desde cuándo era una virtud rebelarse? La conciencia de culpa desapareció del hombre-masa dominado. La mayor parte de ellos estaban parados, no tenían trabajo fijo, y vivían en condiciones ínfimas. La responsabilidad de todos por los crímenes cometidos contra sus semejantes. Arendt extiende esta culpabilidad y comenta que ampararse en órdenes injustas y lesivas contra la humanidad no es eximente.

Por aquellos tiempos, una vez más la humanidad representó una gran carga para el ser humano. Arendt se refiere no a un fenómeno local, el hombre-masa enloquecido por unas circunstancias favorables a su locura, sino a un fenómeno internacional. Los actos más espantosos siempre los ha cometido la propia humanidad a lo largo de los siglos, aunque los acontecidos durante la Segunda Guerra Mundial estén en su máxima escala. «Cuando su profesión le obligaba a matar, no se ve a sí mismo como un asesino, pues no lo ha hecho por inclinación, sino en su desempeño profesional. Sería incapaz de hacer daño a una mosca por pura pasión», escribe Arendt en el artículo antes mencionado. Es cierto, los seres humanos deben asumir la responsabilidad de todos los crímenes cometidos por sus semejantes, y las naciones comparten la responsabilidad del mal perpetrado por todas las demás. Nadie tiene el monopolio de la culpa.

Algunos autores, como el francés Denis de Rougemont, achacaron los males a la intervención demoníaca para evitarle la vergüenza al ser humano libre. ¡Pobre demonio! Incluso en muchas maléficas intervenciones fue ampliamente superado.

Para Arendt, la muerte no era el fin último de la vida. Y en esto, como en tantas otras ideas, la pensadora alemana está en contra de su maestro Heidegger. La grandiosa concepción de la muerte como una tarea última, y no como una última calamidad, evita que las especulaciones de Broch, en *La muerte de Virgilio*, caigan en la trampa de la filosofía contemporánea de la muerte, según la cual la vida lleva en sí el germen de la muerte y, en consecuencia, el momento de dicha muerte representa el objetivo de la vida. La vida y la búsqueda de la felicidad común, ése sí era un objetivo, y la muerte un gran fracaso.

En el nazismo el Estado había usurpado el lugar tradicional de Dios y la religión. El sentimiento nacional había unido a los individuos del Estado nacional, había monopolizado la soberanía individual y la nacional, y centralizado a la sociedad atomizada (individualizada, libre, liberal). El Estado se convirtió en una empresa de poder: agresiva y expansiva. Y la nación, al identificarse con dicho Estado, adquiere esas cualidades y reivindica entonces la expansión como un derecho nacional. Dice Arendt: «La idea de la Nación, el espíritu del pueblo, el alma de la raza u otros equivalentes ocuparon el lugar del Espíritu concebido por Hegel; pero la concepción en su conjunto perduró». El totalitarismo absorbe al hombre en el grupo y lo somete a un devenir que no es el suyo propio. Los totalitarismos nos llevaron, y aún esto no está superado, a casi perder la civilización.

Al estudiar los campos de concentración, Arendt se refiere a la persona jurídica destruida, al individuo absolutamente dominado. Califica al terror totalitario como carente de precedentes en su brutalidad y bestialidad. También la incredulidad e irrealidad ante lo que el ser humano pueda llevar a cabo. Las fábricas y la industria de la muerte como propósito productivo. Los campos de concentración totalitarios se establecieron, en un primer momento, para personas que habían cometido un delito al oponerse al régimen en el poder, pero los ingresos en ellos crecieron a medida que la oposición política decrecía y se expandieron cuando la reserva de personas auténticamente hostiles al régimen ya se había agotado. El castigo al inocente y no al criminal se convirtió en algo habitual. Y todo se justificó bajo la obediencia. Muy pocos mostraron su arrepentimiento.

Las secuelas del régimen nazi aún las padecemos y se seguirán padeciendo, después de varias décadas. Incluso a lo largo de este siglo XXI. Las más evidentes, el no reconocer la culpabilidad por parte de los alemanes mismos, aunque el Estado federal (el democrático era el del Este, satélite de la URSS) insistió en la culpa y lo dejó evidente en su nueva bandera, en donde el crespón negro es uno de los tres colores. Pero la educación parece no haber sido suficiente tras la reaparición de la extrema derecha con todos los principios vencidos y toda la simbología. Muchas veces la historia se tergiversó diciendo que los alemanes habían hecho lo que otros hicieron antes que ellos, lo que era totalmente falso. Es muy difícil en un período corto de tiempo desprenderse de la propaganda totalitaria. Luego también lo es regresar a la verdad y permanecer en ella después de la oficialización de la mentira. Para llevar a cabo esta normalización, Alemania tuvo que revisar a sus docentes y reeducar a sus jóvenes estudiantes. La labor durante décadas resultó aparentemente eficaz, pero desde la caída del Muro de Berlín, las cosas comenzaron a cambiar y no muy favorablemente. La desnazificación había utilizado criterios objetivos para distinguir entre nazis y no nazis, pero fue una tarea compleja. El sistema también produjo injusticias y creó una nueva e insana comunidad de intereses. La militancia obligatoria al Partido Nazi y los resistentes que se habían hecho pasar por nazis, también añadieron nuevas indecisiones. La nueva Alemania también se tuvo que construir sobre las empresas y empresarios que habían colaborado con el régimen. Todo el mundo, en principio, era culpable, e incluso muchos que confesaron su propia culpa eran inocentes. Pero quienes tenían la conciencia más tranquila eran los propios culpables, por ejemplo el premio Nobel de Literatura noruego Knut Hamsun. Sí, la monstruosidad de los crímenes fue mostrada y asumida, pero el tiempo todo lo borra y ahora nos encontramos en ese momento en que ya no hay apenas supervivientes y las nuevas generaciones han nacido muy lejos del conflicto. Ahora hay que ponerse de nuevo a reeducar a la juventud pues los totalitarismos ejercen sobre las masas verdadera fascinación. Y hoy los totalitarismos, de izquierdas o de derechas, son los populismos.

Para Sonu Shamdasani, autor de una extraordinaria biografía intelectual de Carl Gustav Jung, titulada *Jung y la creación de la psicología moderna*, el autor suizo fue calificado de múltiples maneras tales como: ocultista, científico, profeta, charlatán, filósofo, racista, gurú, antisemita feminista, misógino, apóstata, freudiano, gnóstico, posmoderno, polígamo, senador, poeta, estafador, psiquiatra, antipsiquiatra, teísta, ateo, místico o materialista. Analizar cada uno de estos aspectos para ratificarlos o combatirlos llevaría otro libro si cabe más voluminoso. Mi referencia a Jung viene dada por la curiosa relación que establece entre los animales y las conductas irracionales de las masas. Jung le dio una importancia trascendental a la mitología y al pensamiento oriental. Ambas materias controvertidas, pero, como él muy bien decía, cuando las opiniones sobre un objeto divergen tanto, tenemos razones para sospechar que ninguna de ellas es correcta, es decir, que se trata de un malentendido. Jung critica tanto al mitraísmo como al cristianismo por tratar de dominar moralmente los impulsos animales. El cristianismo debilitaba el estado animal para que gran parte de la fuerza que tenían esos impulsos pudieran usarse para la preservación social y su productividad. Todos estos aspectos sacaban a la luz un tema muy importante en la obra del filósofo: el de la relación entre los seres humanos, los animales y el «animal que llevamos dentro». Unas veces reconociéndolo, pero la mayor parte de las mismas omitiéndolo o desairándolo. Muchas veces se ha comentado que Jung, a diferencia de Freud, no le dio demasiada importancia a la sexualidad. Shamdasani demuestra que no siempre fue del todo así. En una conferencia sobre psicoanálisis en Zúrich, en 1912, Jung afirmó que «a muchas personas les sorprende que los psicoanalistas sobrevaloren el significado de la sexualidad; sin embargo, es raro encontrar un caso de neurosis en el que un trastorno sexual no sea la raíz del problema. La vida moderna no concede a la sexualidad ni la mitad de la importancia que debería concederle». La neurosis era un estado de discordia con nosotros mismos. Esta enfermedad presentaba dos tendencias eróticas en conflicto, una de las cuales era inconsciente. Jung le dio su importancia a la sexualidad pero tuvo muchos desencuentros, también por este motivo, con el vienés. Por ejemplo, criticó la teoría freudiana de la sexualidad infantil.

Para Jung el «proceso cultural» consistía en la «progresiva doma de lo animal que hay en el hombre». Pero ese proceso de «domesticación» no podía llevarse a cabo sin una rebelión o «revolución» por parte de la «naturaleza animal». Toda esta convulsión se había incrementado tras la Revolución industrial de la segunda mitad del siglo XIX. El éxodo de los pueblos a las ciudades, el abandono de la naturaleza, el proletariado esclavizado, así como el naciente ateísmo que dejó sin sentido muchas vidas, había provocado el colapso de las energías afectivas. Por eso los habitantes de los pueblos y las ciudades (suburbios de nueva creación) acumulaban un exceso de energía. Y esa energía sexual contenida entra en conflicto con la moral un tanto ascética y, sobre todo, un tanto hipócrita de aquellos tiempos. El resultado de todo esto, según Jung, es la neurosis, que presentaba «un intento fallido por parte del individuo por resolver en sí mismo el problema general». El asunto rondaba en torno al problema de la moral sexual. El psicoanálisis liberaba los impulsos animales con la intención de darles un uso más elevado y sublimarlos. La función del psicoanálisis, o una de ellas, era la de corregir la alienación del hombre moderno (hace ya de esto más de un siglo) con respecto a los impulsos. Para Jung, Nietzsche había identificado correctamente el significado general de los impulsos. En 1917, nos recuerda Shamdasani, en *La psicología de los procesos inconscientes*, Nietzsche hablaba de asentar los impulsos. Esta observación hacía especialmente crítico el «caso» de Nietzsche, pues «quien enseñó a decir *sí* al impulso vital debe ser juzgado de manera crítica, a fin de descubrir los efectos de esas enseñanzas en quien las transmitió» (Jung).

En opinión del psicólogo suizo, el filósofo alemán vivía más allá «de los impulsos» y cometió la equivocación de no reconocer el «impulso vital animal». Nietzsche hablaba del impulso de supervivencia (impulso yoico, la voluntad de poder) y se había desentendido del impulso de conservación de la especie (impulso sexual). Error de Nietzsche, según Jung, defender un impulso con exclusión de todos los demás. La misma equivocación de Freud o Adler. Para Nietzsche, la «voluntad de poder no era un impulso cualquiera, sino que se escondía detrás de todos los impulsos».

El cristianismo primero (tras algunos aspectos mitológicos) y luego la industrialización crearon el problema de los impulsos, la animalidad y la sexualidad. Jung, que al final de sus días reivindicaría el cristianismo, en 1918 lo criticó –como ya dijimos antes– por haberse empeñado en eliminar el elemento animal. Las diferentes crisis del cristianismo y la propia fuerza incontrolable animal hicieron resurgir de manera incontrolada y desregulada este instinto dormido. Todo esto condujo al caos, a las catástrofes y a las guerras más terribles de cuantas hubo en la historia. El cristianismo oficial, a diferencia del budismo, relegó lo animal a lo puramente simbólico. La represión u omisión de ese aspecto hizo que el hombre se volviera «aún más animal». Jung venía a decirnos que si todos nos relacionábamos más y mejor con nuestro propio animal, le daríamos un valor mayor a la vida, que pasaría a ser el principio moral absoluto, y el individuo reaccionaría de manera instintiva contra cualquier institución que buscara su destrucción.

Jung, sobre todo, se mete con el cristianismo eclesiástico (la jerarquía, la burocracia, la teocracia) y defiende el cristianismo real, derivado de las enseñanzas de Cristo sin intermediarios. El primero desarrollaba una represión del mundo, de la naturaleza, de la carne, del animal, de lo inferior y de la fantasía creadora. En los Evangelios, y es muy fácil comprobarlo, no se consideraba a los animales como seres vivos. Tendrán que pasar muchos siglos para que este asunto medio lo arreglen san Jerónimo con su león y san Francisco de Asís con su lobo. Excluidos los animales, no hay referencias a los paralelismos entre ellos y el ser humano. Jung no era del todo pesimista en que se produjera un cambio y un reencuentro durante esos años en los que él expresaba estas preocupaciones, el primer cuarto del siglo XX.

La exclusión de los animales afectaba gravemente al hombre, pues éste contaba con cierta cantidad de «libido» destinada a la relación con la naturaleza y con otros seres vivos. Las mascotas son la satisfacción de esa necesidad. Esa libido reprimida en el inconsciente tomaba formas de exteriorización peligrosa, por ejemplo el «instinto gregario de la psicología de las masas», agravado por la aglomeración de las ciudades. «Las grandes multitudes constelaban al animal, y las grandes organizaciones se comportaban como depredadores a la caza de una presa», y añade Shamdasani: «La falta de respeto al hermano animal genera un animal dentro de nosotros. La relación con los animales era necesaria para hacer posible la verdadera humanidad». La aparición de los animales en los sueños era un recuerdo ancestral de parte de nosotros mismos. Jung recomendaba que mantuviéramos relaciones correctas con los animales. Cualquier intento de adaptarse a lo inconsciente colectivo requería una adaptación a los animales. Equilibrio entre la civilización y la animalidad. En la naturaleza, dice Jung, el animal es un ciudadano. Repito: un ciudadano, bien educado. Bondadoso por lo general si no se le agrede, y no hace extravagancias como la mayoría de los seres humanos. Para ser ciudadanos ejemplares deberíamos imitarlos en muchas cosas. Los animales eran identificados con los impulsos o instintos. El animal que hay en el hombre se correspondería con su naturaleza animal.

La evolución humana había ido en paralelo con la evolución animal. Cualquier intento de adaptarse a lo inconsciente colectivo requería una adaptación a los animales. Equilibrio: «Un exceso de animalidad deforma al hombre cultural, y un exceso de cultura crea animales enfermos». Una de las tareas del psicoanálisis era recuperar para el individuo esa parte de animalidad que, a través de los sueños, se aparecían como representaciones de los instintos. Los instintos eran la relación fundamental entre psicología y biología. Los factores instintivos eran, por ejemplo, el hambre, la sexualidad, la actividad, la reflexión, la creatividad (aunque Jung dudó sobre ésta), considerándola también un factor psíquico de naturaleza impulsiva. Alverdes, un zoólogo, añadió a estos factores instintivos otros arquetípicos tales como la familia, padres, matrimonio, hijos, sociedad, amigos, enemigos, propiedades, etc. Los factores instintivos y los arquetipos son hechos que existen a priori, es decir, heredados y universalmente difundidos. Imágenes inconscientes de los propios impulsos, el modelo paradigmático del comportamiento instintivo. Imaginación, percepción y pensamiento responden a factores universales innatos. El lenguaje de los instintos se fue sustituyendo por conceptos tales como necesidad, motivo e impulso. Los instintos son un número limitado de factores básicos y supuestamente universales. En el pensamiento o en la mentalidad primitiva no se percibían las cosas como nosotros. Poderes místicos, virtudes, cualidades, todo este conjunto de fuerzas los hacían sentirse fuera, dejando de permanecer donde están. Lévy-Bruhl decía que la mentalidad primitiva era esencialmente distinta de la nuestra porque sus grupos sociales moldeaban la mente de otra manera. Los primitivos no percibían las cosas como nosotros, eran incapaces de abstracciones y generalizaciones. No les interesaban las causas secundarias, sólo las místicas. Cuando el individuo cobraba mayor consciencia de sí mismo, disminuía la simbiosis mística con el grupo.

Tanto Jung como Lévy-Bruhl hablan de contenidos psíquicos colectivos refiriéndose a las representaciones colectivas místicas de los primitivos.

Para Marcel Mauss, la psicología sólo estudiaba lo que ocurría en el interior de los individuos, en oposición a las representaciones colectivas, las cuales eran el origen de la sociología. Jung las relacionaba a ambas. De igual modo que había una sociedad fuera del individuo, también había una psique colectiva fuera de la psique personal. La consciencia colectiva o social era la contraparte de lo inconsciente colectivo. Sin el primero, el segundo, así como su pensamiento político y social, sería incomprensible. El individuo está suspendido entre la consciencia colectiva y lo inconsciente colectivo. En 1947 Jung afirmó que la consciencia del yo dependía de las circunstancias de la consciencia colectiva o social y de las dominantes colectivas inconscientes o arquetipos, a los que antes nos referíamos. Esa doble dependencia generaba un conflicto, pues había una barrera casi insalvable entre las «verdades generalmente reconocidas» de la consciencia colectiva y el contenido de lo inconsciente colectivo. La consciencia colectiva rechazaba lo inconsciente colectivo por irracional. El individuo así quedaba en medio de un territorio complejo. Si la consciencia subjetiva se identificaba con las ideas y opiniones de la consciencia colectiva, se reprimía el contenido de lo inconsciente colectivo. La absorción del yo por parte del inconsciente colectivo daba origen al «hombre-masa», que es siempre víctima de algún «ismo» (fascismo, nazismo, comunismo, totalitarismo). La identificación con la consciencia colectiva y la apoteosis de las masas llevaban inevitablemente a la catástrofe. Augurio de Jung que, desgraciadamente, se cumplió con toda probabilidad muy por encima de sus expectativas. La única solución era evitar la identificación con la consciencia colectiva y reconocer la existencia y la gran importancia de los arquetipos, pues constituyen una protección muy eficaz contra la prepotencia de la consciencia social y la correspondiente psique-masa.

El hombre-masa surgió también del fracaso de la religión a la hora de servir de contrapeso: la patología social de la modernidad. La única solución estaba en el inconsciente colectivo y el proceso de individuación que, por sí solo, permitiría al individuo diferenciarse de la consciencia colectiva y lo inconsciente colectivo, evitando así los peligros del totalitarismo y la psicosis. «La consciencia colectiva tenía como portavoces a los líderes políticos, religiosos y sociales; lo inconsciente colectivo tenía como portavoz a Jung», escribe Shamdasani. Jung su creador. El inconsciente colectivo salvaría a Occidente de una catástrofe. Los conceptos de Jung de «psique colectiva» e «inconsciente colectivo» agrupaban diversos sentidos del término «colectivo», correspondientes a sus distintas concepciones de los arquetipos: atributos humanos universales compartidos por todo el mundo y el funcionamiento de entidades supraindividuales como los grupos o las naciones. Jung hablaba de lo inconsciente colectivo de las naciones, de aquí derivaba la psicología política. A través de estas reflexiones, con respecto al comportamiento político colectivo de los años treinta y cuarenta del pasado siglo, se explican o aclaran algunos aspectos de la ascensión de los fascismos y comunismos. Siguiendo las ideas de Le Bon, Jung habla de «contagio mental». El psicólogo francés, en su libro *Psicología de masas*, había escrito que el hombre, «como partícula de una masa, es psíquicamente anormal». Y continúa Le Bon: «Cuando se junta mucha gente, unida por un estado de ánimo común, de ese grupo resulta un alma colectiva que está por debajo del nivel del individuo. Cuando un grupo es muy grande, resulta una especie de alma animal común a todos. Ésa es seguramente la razón de por qué la moral de las grandes organizaciones siempre es dudosa. Estar reunido con muchos otros tiene una gran fuerza de sugestión. El individuo que forma parte de la masa se convierte en víctima de su capacidad de sugestión». Las masas giraban en torno a los líderes demagogos. El grupo no tiene decisión propia debido a su inconsciencia. En *La psicología y los problemas nacionales*, Jung comenta que «mediante el comunismo en Rusia, el nacionalsocialismo en Alemania y el fascismo en Italia, el Estado se ha vuelto omnipotente (lo escribía en 1936) y reclama a sus esclavos su cuerpo y alma».

El individuo en la masa quedaba disminuido moral y espiritualmente. La psicología de las masas no era sólo una parcela de la psicología, también explicaba los efectos de la psicología en sí misma y de su impacto social. «Lo que se necesitaba no era una aceptación general de las verdades de la psicología, sino la movilización de su influencia por medio de autoridades con capacidad de sugestión», concluye Shamdasani.

Desde la Segunda Guerra Mundial, Jung se volvió incluso más pesimista respecto al destino del mundo. El hombre se sentía angustiado pues se habían reencarnado todos los horrores. Jung dudaba de que el ser humano pudiera controlar toda la maquinaria bélica infernal que había construido. Si por una parte le angustiaba la bomba de hidrógeno, por otra le inquietaba la superpoblación del planeta. Durante sus últimos años, Jung se dedicó a la revitalización del cristianismo. Esta religión había sido un dominante colectivo en Europa durante la Edad Media y él creía que era imperioso que todo aquello regresase. El yo siempre necesitaba una dominante mítica. Pero esto requería un gran esfuerzo que él ya no podía llevar a cabo.

Si todos son responsables, entonces, hasta cierto punto, nadie lo es. La denuncia del sistema exculpa al individuo. Siempre nos referimos a los demás, pero ¿hubiéramos tenido el valor de desobedecer? Es decir, en aquellas circunstancias tan excepcionales. Todos los inculpados, especialmente Eichmann, sobre quien basó su trabajo Hannah Arendt, reivindicaron la moralidad de su desobediencia. Todos eran, aparentemente, personajes de una normalidad habitual, aunque en el Tercer Reich era normal ser un asesino. En el

Diario filosófico, la pensadora alemana copia una frase del gran actor Peter Ustinov, amigo de Nabókov, que ella había leído en 1967 en *The New York Times*, en donde el intérprete de Nerón en *Quo vadis?* afirmaba con certeza que «durante siglos se había castigado a los hombres por desobedecer. En Núremberg, por vez primera, se castigaba a unos hombres por haber obedecido...». La desobediencia se había relacionado con la bestialidad (nuestro irracional animal). Desobedecer era sacar a flote nuestra animalidad. Foucault calificaba de incorregibles y de instinto anárquico a aquellos incapaces de acatar las normas de la colectividad, de aceptar las reglas sociales, de respetar las leyes públicas. Para Arendt, como sabemos, Eichmann representó aquello que ella denominó con éxito, pero también con disputas, «banalidad del mal»: actuar conforme a las órdenes recibidas. Pero luego se supo que el inculpado se excedió en el cumplimiento de su deber y ordenó las marchas de la muerte y estuvo presente en las «discusiones» sobre la solución final de los judíos. No sólo participó sino que ayudó y desarrolló las órdenes más allá de sus meras obligaciones. Por lo tanto, la «desresponsabilidad» no fue tanta ni tal, al menos en su caso. Toda aquella tremenda deshumanización pudo haber sido aminorada contraviniendo de alguna manera las órdenes, paliándolas. Jamás se hizo; por el contrario, se incrementó su violencia. No hubo ni desestimiento, ni desobediencia, ni rechazo. Humanizarse o rehumanizarse hubiera sido contravenir las órdenes. La educación tendría que haber ayudado a prevenir aquellos males, también la cultura, pero desgraciadamente no fue así. Algunas de las razones ya las hemos venido exponiendo aquí, y todas ellas, imposible hacerlo desde una convicción científica, sino simplemente desde un frío sentido común. Simone Weil escribió que «el pueblo no está sometido aunque sea mayoría, sino porque es mayoría». Y su silencio se debe a la dificultad de hablar con una sola voz. Ya lo vimos al referirnos a Jung. Obedecer, desobedecer, es dar forma a la propia libertad. La barbarie nazi, la demencia totalitaria, se nutrió del conformismo (Arendt denuncia también el conformismo europeo de la posguerra, carente de un proyecto claro y permanente para desnazificar a la sociedad y prevenirla del fascismo y de cualquier otro totalitarismo) de los soldados más que de su fanatismo, de su seguidismo ciego más que de su apetito asesino.

El conformismo moderno vinculado a las democracias liberales, a las sociedades de consumo y de producción masiva. «¿Dónde está la verdadera obscenidad? ¿En la hipocresía monumental de los poderosos que escenifican su compasión, su amor al pueblo, cuando sólo tienen ojos para su beneficio y el de los demás, y no soportan que éste sea superior al suyo?», escribe Frédéric Gros en *Desobedecer*. Y añade el filósofo francés: «Después de la ironía escéptica y la provocación cínica, el rechazo de los goces uniformes cobra forma de protesta lírica –algunos de cuyos ejemplos pueden ser Foucault, Pasolini o Deleuze– que reivindica un elitismo y un aristocraticismo basado no ya en el desprecio al pueblo y la execración de la cultura popular, sino en una exigencia de elevación. Lo cual quiere decir rechazar la degradación masiva y continua perpetrada por quienes se aprovechan de la debilidad, la cobardía, la frustración e incluso la humildad, quienes mantienen y nutren el conformismo por el juego de obediencia que segrega, sedante de las conciencias. La contraigualdad es una igualdad de exigencia. La voz que sostiene su canto –en nombre de la rareza de lo bello, la dificultad de lo verdadero, el lirismo de la erudición– pregona la singularidad de lo auténtico común. Lo universal siempre es la reclamación de una diferencia».

San Agustín hablaba de «concordia ordenada» al obedecer: encontrar el verdadero sitio de uno, ordenarse, estar bien. Gobernar, para el de Hipona, era proteger, cuidar. Los gobernantes, lo eran por su competencia, sus virtudes, su abnegación. Sabía que no eran habituales estas virtudes. Un gobierno corrupto e incompetente daba motivos para desobedecerlo. Santo Tomás en la *Suma teológica* se refería a los gobiernos dedicados a la salvación común de los hombres. Cuando las leyes eran injustas perdían el poder de obligarnos, la *virtus obligandi*. Las leyes tenían que ser útiles para todos y sembrar la concordia. El principal problema de una desobediencia justa era que el desorden provocado por la insubordinación podía llegar a ser más terrible que las injusticias del gobierno. Para el cristianismo, la obediencia era un camino de salvación. La obediencia a sus principios. Sometimiento, abnegación, el temor a los místicos en todas las religiones monoteístas es el mismo porque van más allá y ya no reconocen ninguna legitimidad ni intermediación entre ellos y Dios.

Kant, hoy en día acusado por los nacionalistas rusos ocupantes de la antigua Prusia Oriental de haber escrito libros incomprensibles que nadie lee ni leerá, opiniones muy semejantes –en pleno siglo XXI– a las de los nazis y los sóviets, hablaba de la instrucción y el aprendizaje para transformar la animalidad en humanidad. También insistía en la disciplina y en una obediencia ciega para coaccionar, forzar y domar al espíritu. Y podía ser de tres maneras. La primera sin pensar (necesidad de amo); la segunda voluntaria (reconocer la superioridad del amo, la decisión más libre y participativa); y, por último, la tercera, la absolutamente ciega y sin condiciones que preparaba al joven para el cumplimiento de las leyes que después tiene que cumplir como ciudadano, aunque no le agraden. Esta obediencia en la educación, en el siglo XVIII, transportaba de las tinieblas de la ignorancia a la claridad del saber. Y no tenía más función que ésa.

Maquiavelo en *El Príncipe* explica el difícil encaje de la moral en la política. Para el italiano, la política no era más que el arte de mantenerse en el poder. Y este arte era a toda costa. Y este arte utilizaba, y aún sigue utilizando, métodos estremecedores. El mantenerse en el poder casa mal con los valores de justicia, sinceridad, lealtad y transparencia. Cuando un político habla de moral, sigue haciendo política. La Boétie se quejaba del embrutecimiento del pueblo y la utilización que de él hacían los tiranos enfrentando a unos súbditos contra otros. Para el amigo de Montaigne bastaba con desear la libertad para obtenerla, un optimismo basado en su juventud que nunca llegó a superar. Ser libre, para La Boétie, era liberarse del afán de obedecer. Jacques Semelin fue el primero en hablar de resistencia civil: pacífica, boicoteadora y de brazos caídos. La siguiente frase de Wilhelm Reich es el eje central de *Desobedecer*, el magnífico libro de Frédéric Gros: «La verdadera cuestión no es saber por qué se rebela la gente, sino por qué no se rebela». ¿Obedecemos a las injusticias convertidos en espectadores del desastre? El mundo actual, desgraciadamente, está tomando visos de lo que pasó hace un siglo: injusticias sociales, desigualdades económicas, capitalismo desenfrenado, élite riquísima y codiciosa, la avaricia de unos pocos que empobrece a los más desposeídos, empobrecimiento de las clases medias y la puesta en peligro de la propia democracia por ser ésta la que ponía límites a la miseria y a las riquezas extremas, la angustia provocada por las nuevas tecnologías que nos controlan no para fines benefactores sino puramente económicos, la cada vez mayor incapacidad de las leyes para poner orden en todo, el consumo incontrolado, el entretenimiento vacío, la especulación, la destrucción de la naturaleza y el camino, cada vez más andado, hacia la destrucción de la vida, los desahucios, la inmigración masiva. Pero incluso ante estas perspectivas, el precio que se pagaría por una desobediencia masiva no sería soportable. Los ejemplos que tenemos a lo largo de la historia así lo desaconsejan. Una desobediencia revolucionaria promocionada por los populismos de uno u otro signo arrastraría al mundo a un abismo todavía mayor. El consentimiento, al menos en los países democráticos, no es una renuncia a la desobediencia. El consentimiento es un acto por el cual uno se constituye como prisionero de sí mismo. Deleuze, al referirse a Sacher-Masoch, habla de servidumbre voluntaria. La dignidad del hombre reside en su libertad y es imposible el aceptar que éste la entregue libremente contra la propia dignidad, el caso de los totalitarismos. La sociedad sana, o más o menos sana, pero evidentemente no la enferma, te niega ese derecho porque reconoce en la persona valores trascendentes, sagrados, objetivos, independientes del juicio de cada cual y de sus preferencias. Consentir no es ninguna abdicación, sino un pacto mientras los compromisos de ese pacto se mantengan. El consentimiento democrático es una conquista de la modernidad, un querer vivir juntos libre y responsablemente. El consentimiento es libre, dependiente y puntual.

Es decir, racional, razonado y no para toda la vida. La obediencia política, en el contrato social con la democracia por parte del ciudadano, no implica la desobediencia por imposible (si se cumplen las normas) y por ilegítima (si intenta subvertir el orden). Todo esto existiendo un Estado normal. ¿Pero si no lo hubiera? En el *Leviatán*, Hobbes explica que los individuos quedarían en manos de la codicia (quedarse con todo), la gloria (sentirse superior y por encima de los demás) y la desconfianza (una violencia incontrolada bajo la supuesta necesidad de defenderse de los demás). Es decir, el individuo absolutamente desprotegido quedaría cercado por la envidia, la vanidad y el racismo en sus múltiples facetas. Locke escribió que la falta de un gobierno civil conducía a la degradación de la convivencia, sobre todo por la falta de la ley y los jueces, también por quienes la impondrían. Rousseau, siempre mucho más cauto de lo que pensamos, hablaba del contrato social en el *Discurso sobre el origen y la desigualdad entre los hombres*. Un contrato social entre los administrados y los administradores como período de transición hacia otro régimen político individualista y anárquico, que, según él, sería mucho mejor. Hobbes se refería a una autoridad pública en la que la masa de los ciudadanos renuncia a su derecho natural y se resigna a obedecer en aras de la seguridad. La política por excelencia. La búsqueda del Estado de derecho se basa en que, con una sujeción impuesta a todos por dicha autoridad única, se deberá garantizar la seguridad general, así se obedece a la voluntad general. En *De la révolution*, Arendt escribe que cada ciudadano debe hacer un esfuerzo constante en su vida política, en y sobre sí mismo, para luchar contra la irrupción de lo que podría ser un interés particular, una «pasión personal». Para participar en el cuerpo político de la nación, cada ciudadano debía rebelarse contra sí mismo. La voluntad soberana no era otra cosa que la voluntad general. Cada persona, al obedecer a un soberano, al poder, se obedecía a sí mismo. El modelo del contrato impide toda desobediencia.

Arendt y Habermas afirman que no se ha consentido de antemano en obedecer ni en fundirnos en una unidad superior (el bien del pueblo, el Estado protector) sino simplemente en formar sociedad. Así, la desobediencia civil se produce en momentos de reactivación del contrato social, cuando éste se ha puesto en duda o no se han cumplido los compromisos. La desobediencia civil se conforma en un amplio colectivo de gentes que se niegan a ser gobernadas así. Volver a la esencia misma del contrato: nos incorporamos, formamos sociedad desobedeciendo colectivamente, llevando adelante un proyecto alternativo de vivir juntos. El entramado de las pluralidades y no la construcción de la unidad de todos a costa de la renuncia de cada uno. Vuelta a la libertad, igualdad y solidaridad. Vuelta a una democracia trascendental, a una democracia crítica. Thoreau fue hijo de Rousseau pero superó al suizo porque, entre otras cosas, Thoreau ya vivía en una sociedad aparentemente democrática y con muchas libertades. En realidad el norteamericano puso al día muchas ideas de Rousseau. Thoreau va contra el capitalismo; contra la Revolución industrial y la tecnología; está a favor de la ecología; está tentado por lo salvaje; denuncia las tramas alienantes de la economía, la sociedad y la cultura; es un anticolonialista, antiesclavista y un anarquista a su manera. Thoreau, a diferencia de Rousseau, quería volver a la vida primitiva y así él mismo la experimentó. Rousseau jamás hizo tal cosa. Para ambos el gobierno era un mal necesario del que sólo cabe esperar que gobierne lo menos posible. La moral pertenecía a la conciencia de cada uno; la política era un modo de funcionamiento burocrático enorme y glacial, mientras que el individuo era lo sagrado. La prioridad tanto para Rousseau como para Thoreau no era obedecer las leyes o cumplir las reglas, sino preservar, salvar nuestros propios principios. Había que dejarse llevar por la propia conciencia. Lo que debía mantenerse era la superioridad ética, no una ley aritmética (las mayorías democráticas). Menosprecio, por tanto, de los procedimientos democráticos por juzgarlos incapaces de producir el bien, la justicia y la verdad. ¿Conduciría todo esto a la anarquía y al desorden? A Thoreau no le importaba lo más mínimo porque lo verdaderamente importante era salvar la conciencia, no el mundo. Para Thoreau, y esto Gros lo resalta muy bien, quienes se enfrentan son los gobiernos que usan los aparatos estatales para defender los intereses de una minoría, exigiendo a los sujetos una obediencia pasiva, y una individualidad que, en la soledad de su conciencia, accede al sentido de la justicia universal sin dejarse embaucar por la opinión mayoritaria y cobarde, «ni dejarse arrastrar por la corriente de la *doxa* pasiva o, mejor dicho, indefinidamente dúctil y maleable». Gros hace las mismas preguntas que Arendt y tantos otros pensadores: ¿Por qué resulta tan difícil incumplir, negarnos, transgredir incluso cuando tenemos de nuestro lado la justicia y la razón? ¿Es por respeto a la autoridad? ¿Por miedo a las consecuencias? ¿Por fidelidad al compromiso contraído? ¿Por temor a quedarse aislado, a ser señalado con el dedo? ¿O es sólo por inercia pasiva?

En democracia, gobernante y gobernado no equivalen en absoluto a dominante y dominado, se obedece a un igual, se manda entre iguales, la obediencia no es más que la otra cara de la misma moneda: unas veces se manda, otras se obedece. La obediencia designa una actividad y no una abdicación de la voluntad, «por lo que en los griegos nunca hallaremos un enunciado como: 'No soy responsable porque me limitaba a obedecer'», escribe Gros. ¿Cuántos horrores cometidos en nombre de la humanidad, del pueblo o de la nación? La acción justa no tiene por qué justificarse ni buscar una legitimidad superior. Derrida decía que sólo se perdonaba lo imperdonable, *Le siècle et le pardon*.

No estoy tan seguro de ello. No estoy seguro de que sea legal perdonar lo imperdonable. Sólo podrán hacerlo aquellos que sufrieron la ignominia, pero sólo espiritualmente. Foucault, y estoy totalmente de acuerdo con él, escribió que los justos se negaron a asesinar, no tanto por el «No matarás», sino porque no estaban dispuestos a convivir con un asesino, ellos mismos. Foucault y Arendt. Esta última cumpliendo con Sócrates, la inquietud del sí para hacerlo. Foucault, cumpliendo con Kant, la valentía de la verdad y del pensamiento que juzga. Todos los citados en estas páginas, las que llevamos escritas y aun las que quedan, son solidarios de las injusticias cometidas en cualquier lugar y en todas las épocas. Todos los somos. Todos estamos al cuidado del mundo y toda pretensión de neutralidad es ilegítima. Sartre, no citado, también lo compartía. Nunca hay excusas para no combatir tal o cual iniquidad, somos responsables de todas ellas por principio y, con nuestra inacción, nos hacemos cómplices. Complicidad pasiva. Cada uno de nosotros cargamos con parte de nuestra culpa, que, para Jankélévitch, es irreemplazable.

Tzvetan Tódorov, en su libro póstumo de ensayos, una antología de textos inéditos y otros publicados en periódicos y revistas, titulado *Leer y vivir*, al referirse a la tan traída y llevada «banalidad del mal» de Hannah Arendt, él añadía «fragilidad del bien». Fue un título del propio Tódorov (fallecido en París en febrero de 2017), sobre la salvación de los judíos búlgaros. No hay monstruos ni seres angelicales, únicamente seres humanos más perfectos o imperfectos, todos falibles, pero no por ello iguales. Iguales en derechos y dignidad, pero no en hechos y valor. La experiencia de los campos de concentración fue muy significativa. Allí la moral, a pesar de las dificultades, nunca desapareció. Se metamorfoseó en virtudes heroicas y en virtudes cotidianas. Se llevaron a cabo muy buenas acciones. Arendt escribió que en el momento que una buena acción se hace pública y conocida, pierde su específico carácter de bondad.

¿Cómo conocer entonces la existencia de las personas morales? Mediante el relato de los testigos. Las prácticas estrictamente morales (privadas) y las prácticas político-morales (públicas). Lo que tienen en común es que no están sometidas a códigos tradicionales (moral), sino que se actúa por la felicidad de los individuos. Esto equivale a la bondad. Desde este punto de vista, escribe Tódorov, «hacer el bien no es necesariamente una acción moral. El valor moral sólo es moral si se pone al servicio de las personas. La inteligencia no es en sí misma moral». La acción moral se dirige a personas concretas y tiene como sujeto a una persona en concreto. Tódorov habla del ser moral, del moralizador y del moralista. El primero exige de sí mismo, el segundo de los demás y el tercero, y último, reflexiona sobre cuestiones morales. Pero lo importante, al margen de todas estas disquisiciones filosóficas muy significativas para la teoría de la filosofía, es aquello que dijo el emperador romano Marco Aurelio: «Lo importante no es seguir divagando sobre lo que es un hombre de bien, sino serlo» (*Meditaciones*). Simone Weil mezclaba la moral con la política cuando, «para llamar la atención sobre la escasez de alimentos en la Francia ocupada, se obligaba a consumir sólo las raciones que asignaban a los franceses del interior [...]. La buena política aspira a reforzar la justicia, pero cumplir la ley no convierte a nadie en moral...» (Tódorov). Arendt, con el espíritu de Jesús (otro judío), escribió en *La condición humana* que, en el momento en que una buena acción se hace pública y conocida, pierde su específico carácter de bondad. Lo habíamos comentado antes sin añadir que la experiencia moral sólo puede vivirse en primera persona, pero sólo puede decirse en tercera: Sócrates necesitó a Platón, Jesús a los evangelistas, etc. Las acciones humanas están motivadas por la aspiración a la felicidad. Individual, en la mayoría de las ocasiones; pero también colectiva, porque una influye inevitablemente en la otra. Incluso Rousseau, quizás el más individualista de los filósofos, afirmó que nuestro verdadero yo no estaba totalmente en nosotros, es decir, estaba compartido con los demás. El individuo cuando actúa en conformidad con la moral no va contra su interés y también se ve gratificado por la felicidad de los demás.

En un artículo publicado en *Le Monde* (1997), incluido en *Leer y vivir*, titulado «Desobedecer como ciudadano», Tódorov afirma que la idea de desobediencia cívica es paradójica, ya que reúne dos exigencias aparentemente incompatibles: actuar como ciudadano y desobedecer las leyes. Por lo tanto, la desobediencia cívica se diferencia tanto de la sumisión ciega a todas las exigencias de la sociedad como de la simple insumisión, el rechazo y la rebeldía. Tódorov vuelve a hacer las distinciones clásicas entre leyes de la naturaleza y del Estado. Es decir, entre las leyes de Dios o supremas y las leyes de los hombres. El asunto de Antígona está muy presente en el libro *Desobedecer* de Gros. En la Revolución francesa, con la proclamación de los Derechos del Hombre, se puso en práctica aquello que hacía años había escrito Montesquieu: «El deber del ciudadano es un crimen cuando olvida el deber del hombre». Para eludir una ley de forma cívica debemos poder apelar a una ley superior, lo que significa también más restrictiva. El egoísmo personal nunca es excusa para transgredir la ley. Tódorov coloca en dos niveles la insumisión. En el primero, me niego a someterme a una ley sin poner en duda su legitimidad, aceptando la sanción. Y en el segundo caso, considero que la ley es injusta y me niego a tenerla en cuenta. No me considero culpable, y mi insumisión nada tiene de cívica. Tódorov cita al conservador Raymond Aron para afirmar que en democracia las leyes hechas para la mayoría son imperativas para todos y, aunque no se esté de acuerdo, hay que cumplirlas. Lo que se pierde en libertad se gana en protección. Es aquello a lo que nos referimos en páginas anteriores al hablar de contrato o pacto social: una ley superior bajo la cual aceptamos vivir. En un estado totalitario, de monopolio del poder, la desobediencia se considera ilegítima. El crimen contra la humanidad consiste en actuar de acuerdo con leyes u órdenes que podemos considerar inhumanas. Si no existiera la posibilidad de desobedecer estas leyes, no habría crimen. El ciudadano de un estado totalitario como fue Alemania o Rusia, debe elegir entre el crimen contra la humanidad y la desobediencia cívica. La neutralidad equivale a complicidad. Pero, como dice Tódorov, «es muy fácil ser un héroe a posteriori y a distancia. Pero no por eso se anula la idea de un crimen contra la humanidad. El horror sigue siendo el mismo cuando se lleva a cabo en nombre de las leyes».

Tódorov, como hemos ido viendo, no acusa a los alemanes, a todos, de los desastres de las dos Guerras Mundiales, sino que culpabiliza al ser humano. Y para ello se basa en dos testimonios muy importantes: el de Romain Gary y el de Germaine Tillion. Gary fue un gran escritor que combatió en la Segunda Guerra Mundial. Gary no quiso estigmatizar sólo el racismo de los nazis sin recordar que el mismo ejército norteamericano y los mismos Estados Unidos, en general, tenían todavía leyes de segregación racial. Sabemos que hasta avanzados los años sesenta del pasado siglo, los negros estaban muy apartados, fundamentalmente en los estados del Sur. En Washington se conmemora el Holocausto de los judíos, pero no el exterminio de miles de indios, ni la esclavitud de los africanos. Gary fue un autor al margen del existencialismo, del marxismo, del absurdo o del *nouveau roman*. Tampoco formó parte de la izquierda ni de ninguna tendencia de la misma; como militar, estuvo en las filas de De Gaulle sin ser gaullista. El autor de *Educación europea, Las cometas* y *La vida ante sí* comprobó la ferocidad de los hombres, lo que le llevó a escribir en *Educación europea* que «el hombre se convierte en alemán, aunque sea un patriota polaco». El bien no lo representaban los unos y el mal los otros, sino que ambos habitaban indiscriminadamente en unos y otros. Matizar el bien y el mal era, a veces, tan difícil que «no podemos luchar contra el mal sin cometerlo nosotros mismos», escribe Gary. Los vencedores también habían sido contagiados por el mal. Gary llegará a recomendar en *Tulipe* la creación de una «asociación de ayuda a los vencedores». La curiosa y compleja personalidad de Gary queda muy bien reflejada en la película biográfica de Éric Barbier, *Promesa al amanecer*.

Tódorov, por supuesto, es partidario de la multiculturalidad, uno de los muchos problemas de nuestra sociedad, entre otras cosas porque en el mundo nunca han existido sociedades formadas exclusivamente por personas de la misma cultura: «Afirmar que estamos en contra de la pluralidad de culturas equivale a decir que estamos en contra de la humanidad [...]. Sin embargo, es cierto que, junto con esta pluralidad inevitable, toda sociedad debe también favorecer la existencia de elementos culturales comunes a todos, ya que compartir un código cultural facilita que todos participen en la vida colectiva. Manejar bien la lengua, saber interpretar una conducta, conocer los elementos fundamentales de la historia del país, de su geografía, y sus principios y leyes son condiciones necesarias para que la vida social funcione. Si no manejamos el marco común, nos sentimos excluidos de la sociedad en la que vivimos» (Tódorov, «La pluralidad humana», en *Leer y vivir).*

Germaine Tillion fue una historiadora y etnóloga que estuvo en el campo de concentración de Ravensbrück. Cuando salió viva del mismo se dispuso a escribir un libro contra los alemanes basándose en su bélico carácter nacional. Ella, como casi todo el mundo, estaba convencida de que todos los alemanes-austríacos eran nazis. Pero mientras fue avanzando en su investigación se dio cuenta, progresivamente, de que esas conductas deplorables no eran específicamente alemanas. Y esto lo comprobó cuando en el año 1954 comenzó la guerra de Argelia. Muchos soldados y oficiales franceses que habían luchado contra el nazismo y por la liberación de Francia y Europa, se habían incorporado al ejército francés de África o de Indochina. Aquellos héroes de la Resistencia ahora utilizaban las mismas tácticas que sus anteriores enemigos: prisiones, torturas, fusilamientos, castigos, injusticias en general. ¿Cómo podía estar pasando esto?, se pregunta Tillion. Francia había recuperado la libertad y la democracia. La izquierda defendió la independencia de las antiguas colonias, con la excepción de Camus, dividido por su propia historia personal. Desde la derecha no fue así, aunque Raymond Aron estuvo con los independentistas. Una excepción. Camus y Aron tuvieron una clara preocupación por la verdad. Camus una verdad respecto de sí mismo y Aron una verdad con mejor conocimiento del mundo.

Tillion fue enterrada en 2015 en el Panteón. Había estudiado en Argel. Estuvo en la Resistencia y fue detenida durante un año, antes de ingresar en el campo de concentración de Ravensbrück para mujeres, donde pasó dos años y donde murió su madre. En 1945 salió del campo y se dedicó a visitar las cárceles donde estaban los culpables de aquellas masacres. Lo mismo hizo trasladándose a Argelia durante la guerra para ver las cárceles y denunciar las torturas. Quería entender lo que había pasado y cómo esto volvía a reproducirse casi de manera inmediata. Al principio, sus ideas en Francia fueron muy mal recibidas. Tillion, seguramente, coincidía con el ideal de mujer intelectual de Gary. El novelista llegó a manifestar que se desentendía cada vez más de todos los valores llamados masculinos: «La mierda en la que todos nadamos es una mierda masculina». Gary reivindicó la feminidad, en lo que tenía de vulnerable y, al mismo tiempo, de comprensiva. Para él la civilización era cierta «ternura» y «dulzura» maternal, y todos los valores de la misma «eran valores totalmente femeninos».

El recuerdo del pasado puede sernos muy útil si permite el advenimiento de la justicia, en su sentido más general, que supera, con mucho, el marco de los tribunales. El recuerdo del pasado puede ser estéril si lo utilizamos como un muro entre el mal y nosotros mismos, «si sólo nos identificamos con los héroes irreprochables y las víctimas inocentes, alejamos de nosotros los agentes del mal y los colocamos fuera de las fronteras de la humanidad. Y es lo que, generalmente, estamos tentados de hacer. También en la vida cotidiana olvidamos fácilmente el mal que hacemos, pero recordamos durante mucho tiempo el que sufrimos de los demás» («No existe el deber de memoria», Tódorov). La memoria como mezcla entre la rememoración y el olvido. La memoria selectiva: olvido parcial y orientado, olvido indispensable. Recuperar el pasado, en democracia, era un derecho legítimo, pero no podía convertirse en un deber. También existe el derecho al olvido. También en la vida pública se puede preferir el olvido al recuerdo del mal. Hay que evitar el rencor, el odio y promover la paz. Tillion, en *Les ennemis complémentaires*, afirmó que no había nada más peligroso que llevar a todo un pueblo a la desesperación.

Otra de las autoras a las que se refiere Tódorov es Gitta Sereny. Vienesa, de una familia de artistas, cuando estalla la guerra empieza a trabajar para una organización benéfica que atiende a niños abandonados e hijos de fugitivos. En 1941 huye a través de España y llega a Estados Unidos. Cuatro años después regresa a Europa y trabaja para las Naciones Unidas ocupándose de los refugiados y desplazados.

Entre la «banalidad del mal» y la «fragilidad del bien». Y todos nosotros debemos luchar por acrecentar el bien sobre el mal, porque de los males todos somos culpables, mientras que el bien, sobre todo, es de quien lo lleva a cabo.

PROCEDENCIA DE LOS TEXTOS

«Las trampas de la memoria histórica», *El Mundo*, 11 de julio de 2017.

«El nacional populismo». Publicado con el título «El rebelde siglo XXI», *El Mundo*, 21 de octubre de 2017.

«Contra la depresión nacional», *El Mundo*, 18 de diciembre de 2017.

«Contra la nueva leyenda negra», *El Mundo*, 17 de enero de 2018.

«Las democracias suicidas». Publicado con el título «Europa debe resistir», *El Mundo*, 15 de mayo de 2018.

«Lo que Azaña hubiera hecho». Publicado con el título «Y Azaña cierra TV3», *El Mundo*, 5 de junio de 2018.

«María Zambrano siempre nos acompaña», *ABC Cultural*, 14 de junio de 2018.

«Volver a fray Luis, volver a Unamuno, volver a Salamanca», *El Mundo*, 25 de julio de 2018.

«Las guerras civiles nunca tienen fin». Publicado con el título «Las guerras civiles aún existen», *El Mundo*, 28 de agosto de 2018.

«Aguantar y seguir», *El Mundo*, 14 de septiembre de 2018.

«El fin de los moderados», *El Mundo*, 17 de octubre de 2018.
«El cadáver de la educación», *El Mundo*, 28 de noviembre de 2018.
«La discordia». Publicado con el título «El peligro de la discordia», *El Mundo*, 27 de diciembre de 2018.
«¿El pueblo soberano?», inédito.
«Dos filósofos en las trincheras de la Primera Guerra Mundial», *Revista de Occidente*, marzo 2017.
«Centenario sangriento», *ABC Cultural*, 17 de octubre de 2017.
«El nacionalismo patológico y narcisista, según Isaiah Berlin». Publicado con el título «*El sentido de la realidad*. Berlin contra los totalitarismos», *ABC Cultural*, 13 de diciembre de 2017.
«La civilización no es tan estable que no pueda disolverse». Publicado con el título «'Viaje a la revolución', Bertrand Russell contra el populismo», *ABC Cultural*, 4 de enero de 2018.
«Esclavos de la libertad». Publicado con el título «Esclavos de la libertad por obra de Stalin», *ABC Cultural*, 28 de marzo de 2018.
«Aniquilar las ideas contrarias». Publicado con el título «Karl Marx, un incitador a la violencia», *ABC Cultural*, 3 de mayo de 2018.
«Por una democracia ecológica». Publicado con el título «Sloterdijk, por una democracia ecológica», *ABC Cultural*, 17 de julio de 2018.
«De nada vale el progreso sin la ética». Publicado con el título «'La situación humana', el principal

recurso del nacionalismo», *ABC Cultural*, 13 de septiembre de 2018.

«Carta a Séneca». Publicado con el título «Seguir leyendo», *El País*, 7 de octubre de 2018.

«La enfermedad cultural». Publicado con el título «*La ciencia histórica*, la enfermedad cultural según Huizinga», *ABC Cultural*, 6 de noviembre de 2018.

«Comprender no es perdonar», *ABC Cultural*, 24 de noviembre de 2018.

«El mal y la muerte», *Revista de Occidente*, enero de 2019.

«Nostalgia de las revoluciones fracasadas», inédito.

«Banalidad del mal, fragilidad del bien», inédito.

BIBLIOGRAFÍA

Arendt, Hannah, *Crisis de la República*. Trad. Guillermo Solana Alonso. Trotta, Madrid 2015.

–*Diario filosófico*. Trad. Raúl Gabás. Herder, Barcelona 2018.

–*Eichmann en Jerusalén. Un estudio sobre la banalidad del mal*. Trad. Carlos Ribalta. Lumen, Barcelona 2001.

–*Ensayos de comprensión*, Página Indómita, Barcelona 2018.

–*La condición humana*. Trad. Ramón Gil Novales. Paidós, Barcelona 2016.

–*Sobre la Revolución*. Trad. Pedro Bravo. Alianza, Madrid 2013.

Armitage, David, *Las guerras civiles. Una historia en ideas*. Trad. Marco Aurelio Galmarini. Alianza, Madrid 2018.

Arnold, Matthew, *Cultura y anarquía*. Trad. Javier Alcoriza Vento. Cátedra, Madrid 2010.

–*Literatura & Dogma*, Thomas Nelson & Sons, Londres 1910.

Azaña, Manuel, *Obras completas*, Taurus, Madrid 2018.

Barilier, Étienne, *El vértigo de la fuerza*. Trad. Manuel Arranz Lázaro. Acantilado, Barcelona 2018.

Baumann, Zygmunt, *Modernidad y Holocausto*. Trad. Francisco Ochoa de Michelena. Sequitur, Madrid 2015.

Berlin, Isaiah, *El sentido de la realidad. Sobre las ideas y su historia*. Trad. Pedro Cifuentes. Taurus, Madrid 2017.

Bobbio, Norberto, *Liberalismo y democracia*, Fondo de Cultura Económica, México, 1989.

Brauman, Rony, y Sivan, Eyal, *Éloge de la désobéissance. A propos d'«Un spécialiste» Adolf Eichmann,* Le Pommier, París 1999.

Calasso, Roberto, *La actualidad innombrable*. Trad. Edgardo Dobry. Barcelona Anagrama, Barcelona 2018.

Camus, Albert, *El hombre rebelde*. Trad. Josep Escué. Alianza, Madrid 2013.

Clausewitz, Karl von, *De la guerra*. Trad. Celer Pawlowsky. Tecnos, Madrid 2010.

Crouch, Colin, *Posdemocracia*. Trad. Francisco Beltrán. Taurus, Madrid 2004.

Damasio, Antonio, *El extraño orden de las cosas. La vida, los sentimientos y la creación de las culturas*. Trad. Joandomènec Ros. Destino, Barcelona 2018.

Deleuze, Gilles, *Presentación de Sacher Masoch*. Trad. Ángel María García Martínez. Taurus, Madrid 1974.

Duras, Marguerite, *El mal de la muerte*. Trad. José María González Holguera. Tusquets, Barcelona 2010.

Eisenstadt, Shmuel N., *Paradoxes of Democracy: Fragility, Continuity, and Change*, Johns Hopkins University Press, 2002.

Foucault, Michel, *Historia de la sexualidad 3. La inquietud de sí*. Trad. Tomás Segovia. Siglo XXI, Madrid 2005.
–*Vigilar y castigar*. Trad. Aurelio Garzón del Camino. Siglo XXI, Madrid 2009.
Gentile, Emilio, *La mentira del pueblo soberano en la democracia*. Trad. Carlo A. Caranci. Alianza, Madrid 2018.
Gros, Frédéric, *Desobedecer*. Trad. Juan Vivanco Gefaell. Taurus, Madrid 2018.
Huizinga, Johan, *La ciencia histórica*, Renacimiento, Sevilla 2018.
Huxley, Aldous, *La situación humana*. Trad. Antonio López Martínez. Página Indómita, Barcelona 2018.
Illouz, Eva, *El gran retroceso. Un debate internacional sobre el reto urgente de reconducir el rumbo de la democracia*. Trad. Claudia Conde Fisas. Seix-Barral, Barcelona 2017.
Jonas, Hans, *El principio de responsabilidad*. Trad. Javier María Fernández Retenaga. Herder, Barcelona 1995.
Jullien, François, *La identidad cultural no existe*, Taurus, Madrid 2017.
Kristeva, Julia, *Sol negro. Depresión y melancolía*. Trad. Mariela Sánchez Urdaneta. Wunderkammer, Girona 2018.
Márai, Sándor, *Lo que no quise decir*. Trad. Mária Szijj. Salamandra, Barcelona 2016.
Raine, Kathleen, *La utilidad de la belleza*. Trad. Natalia Carbajosa. Vaso Roto, Madrid 2015.

Rieff, David, *Elogio del olvido. Las paradojas de la memoria histórica*. Trad. Aurelio Major. Debate, Barcelona 2017.
Riemen, Rob, *Para combatir esta era. Consideraciones urgentes sobre fascismo y humanismo*, Taurus, Madrid 2018.
Russell, Bertrand, *Viaje a la Revolución. Práctica y teoría del bolchevismo y otros escritos*. Trad. Juan Carlos García Borrón. Ariel, Barcelona 2017.
Sartre, Jean-Paul, *¿Qué es la literatura?* Trad. Aurora Bernárdez. Losada, Oviedo 2003.
Scott, James C., *Los dominados y el arte de la resistencia*. Trad. Jorge Aguilar Mora. Txalaparta, San Sebastián 2003.
Shamdasani, Sonu, *Jung y la creación de la psicología moderna*. Trad. Fernando Borrajo. Atalanta, Mas Pou 2018.
Shentalinski, Vitali, *La palabra arrestada*. Trad. Jorge Ferrer Díaz. Galaxia Gutenberg, Barcelona 2018.
Sloterdijk, Peter, *¿Qué sucedió en el siglo XX?* Trad. Isidoro Reguera. Siruela, Madrid 2018.
Sternhell, Zeev, *Neither Right Nor Left: Fascist Ideology in France*, Princeton University Press, 1996.
Teilhard de Chardin, Pierre, *Génesis de un pensamiento*. Trad. Teófilo Delgado. Taurus, Madrid 1963.
Tódorov, Tzvetan, *Leer y vivir*. Trad. Noemí Sobregués Arias. Galaxia Gutenberg, Barcelona 2018.
–*El triunfo del artista*. Trad. Noemí Sobregués Arias. Galaxia Gutenberg, Barcelona 2018.

–*Los abusos de la memoria*. Trad. Miguel Salazar Barroso. Paidós, Barcelona 2013.
Tolstói, Lev, *Confesión*. Trad. Marta Rebón. Acantilado, Barcelona 2008.
–*Cuánta tierra necesita un hombre*. Trad. Irene Andresco Kuraitis. Alianza, Madrid 2014.
–*Diarios (1895-1910)*. Trad. Selma Ancira Berny. Acantilado, Barcelona 2003.
–*El Evangelio abreviado*. Trad. Iván García Sala. KRK Ediciones, Oviedo 2006.
–*El reino de Dios está en vosotros*. Trad. Joaquín Fernández-Valdés Roig-Gironella. Kairós, Barcelona 2010.
–*La escuela de Yásnaia Poliana*, José de Olañeta, Mallorca 2003.
–*Placeres crueles*, Trasantier, Valladolid 2014.
Trotski, León, *Literatura y revolución*. Trad. Sara Alonso. Ruedo Ibérico, París 1969.
Wittgenstein, Ludwig, *Obras III*. Trad. Jacobo Muñoz Veiga. *et al.* RBA, Barcelona 2015.
Zambrano, María, *Obras completas IV*, I, Galaxia Gutenberg, Barcelona 2018.
Zamiatin, Yevgueni, *Nosotros*. Trad. Sergio Hernández-Ranera. Akal, Madrid 2008.

ÍNDICE ONOMÁSTICO

Esta primera edición de *Las democracias suicidas y otros escritos de política*, de César Antonio Molina, salió de imprenta el 2 de febrero de 2019, cuando se cumplen IL años del fallecimiento del filósofo, matemático, lógico, escritor, activista social y premio Nobel de Literatura Bertrand Russell (1872-1970).

«La violencia revolucionaria en una democracia
es infinitamente peligrosa.»

Bertrand Russell

La fórcola es la parte más rara y hermosa de la góndola veneciana, realizada en madera, en la que el gondolero apoya el remo para maniobrar. Una auténtica fórcola se talla, de forma artesanal, sobre la curvatura natural del árbol, por eso no hay dos fórcolas iguales.